塩田の村

「有光家文書」の中世的世界

平瀬直樹
Hirase Naoki

清文堂

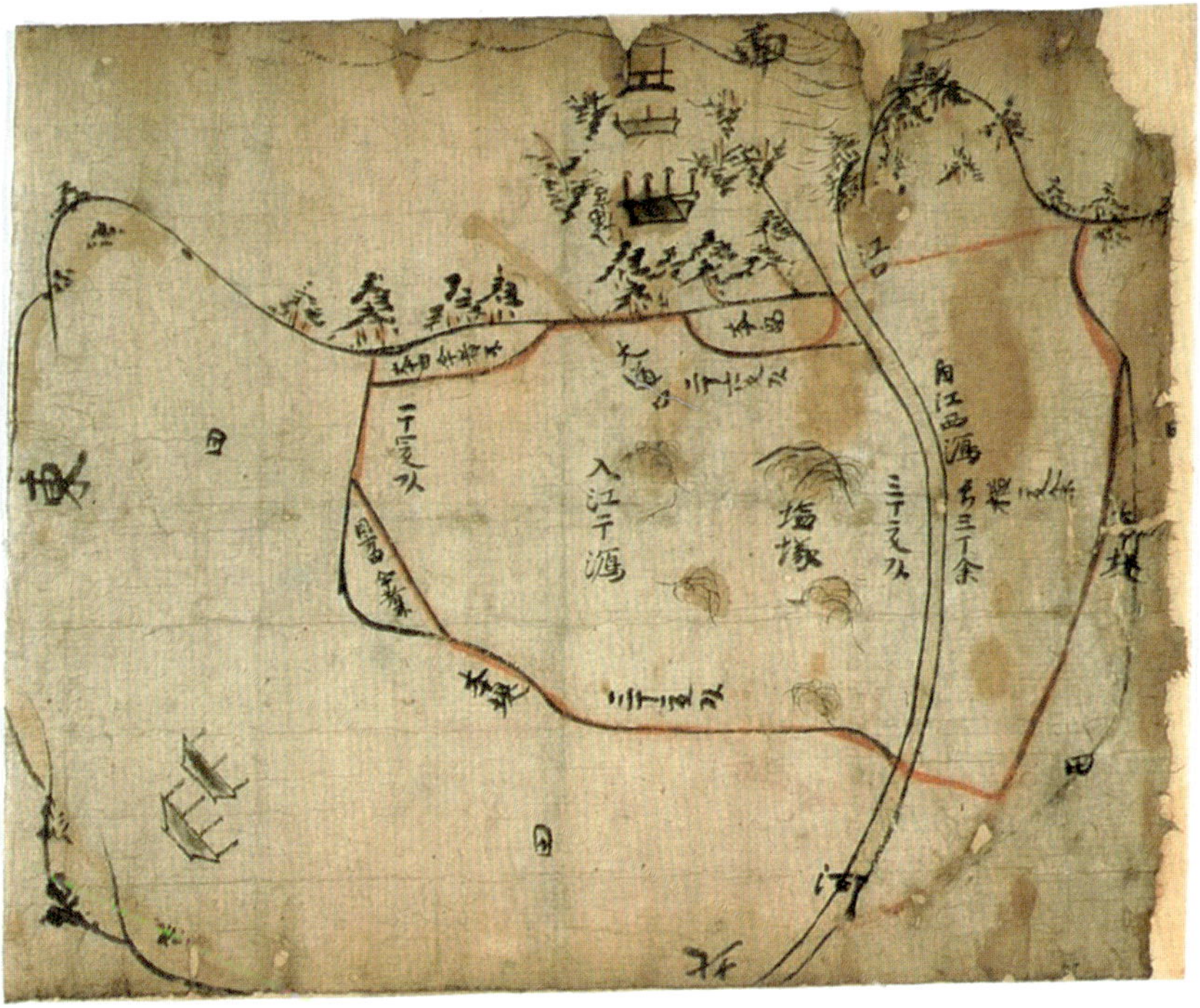

口絵１　「長門国正吉郷入江塩浜絵図」

（南を上にして描かれている）

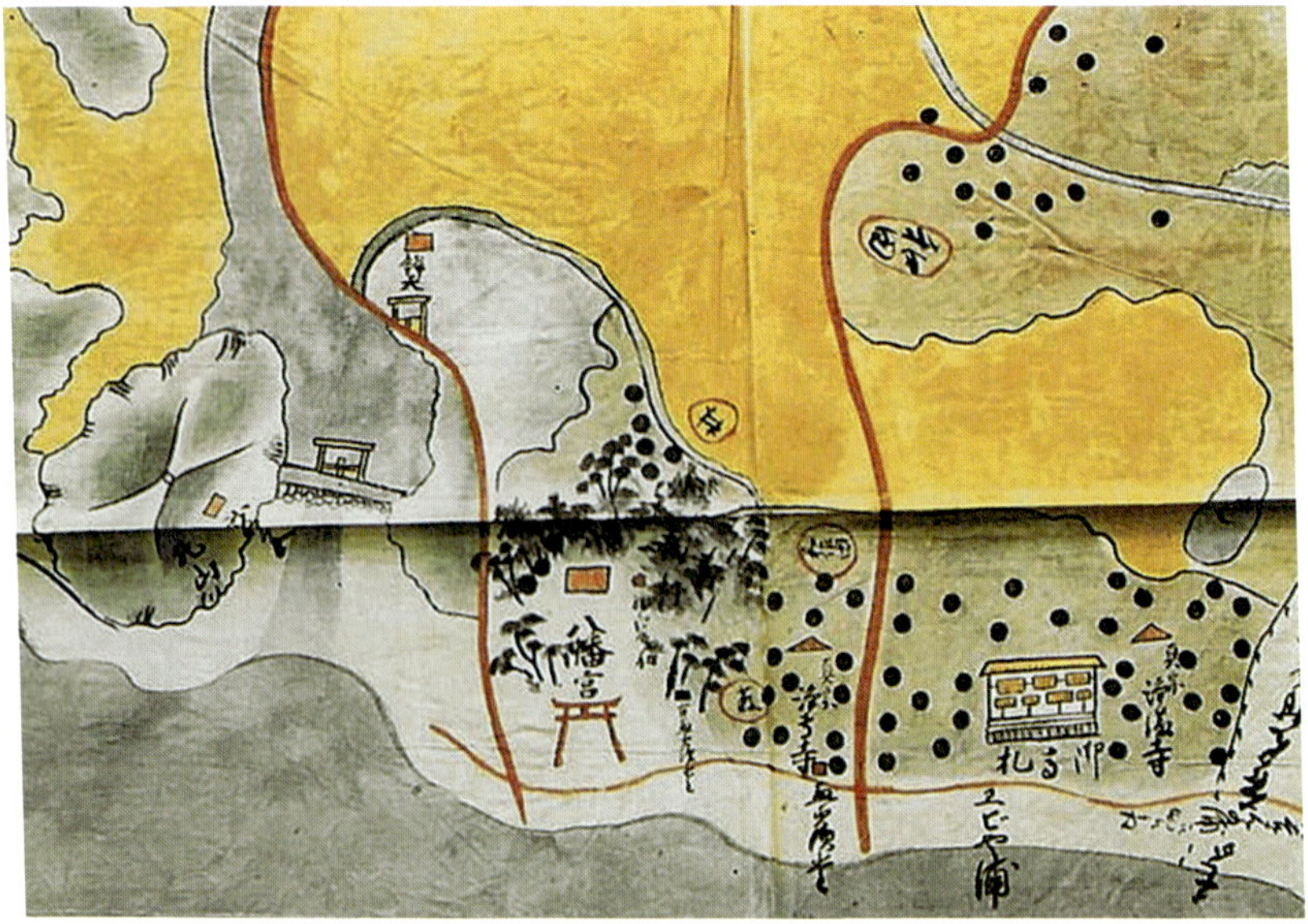

口絵 2　「地下上申絵図」正吉村地下図(海岸付近)

（北を上にして描かれている）

口絵 3　現在の永田神社・浄専寺のある微高地(北からの眺め)

向かって右側の社叢が永田神社。左側の瓦葺の建物が浄専寺。

目次

図版

口絵1・絵図1　山口県文書館デジタルアーカイブ。
口絵2　山口県文書館蔵　著者撮影。
口絵3　著者撮影。
写真A　著者撮影。
写真B―1は山口県文書館デジタルアーカイブ。B―2は山口県文書館蔵　著者撮影。B―3は国土地理院発行の二万五千分一地形図「安岡」を使用した。
写真C　山口県文書館デジタルアーカイブ。
写真D　著者撮影。
写真E　山口県文書館『文書館ニュース』二四号（一九九〇年）から転載。
文書1写真　龍王神社蔵　著者撮影。
文書2～12・14～22写真　山口県文書館デジタルアーカイブ。
文書13写真　著者撮影。下関市立豊北歴史民俗資料館蔵。
絵図1トレース図　『山口県史』史料編中世3付録に手を加えた。
図1　国土地理院発行の二万五千分一地形図「安岡」を使用し、著者が手を加えた。
図2　著者自作。
図3　著者自作。
図4　『下関市史　原始・中世』（下関市発行、二〇〇八年）四九八頁「図7　大字内日下・植田の字図」に手を加えた。
表1～表3　著者自作。表2では密教の手印について大山公淳「高野山中院流の研究」（『高野山と真言密教の研究』名著出版、一九七六年）を参照した。

はじめに

「有光家文書」とは

今日、私たちは古文書のお蔭で歴史の真相に近づくことができるが、その多くは貴族や大名といった支配者層のもとに残されたものである。農民や漁民のような被支配者層のもとに古文書が残ることはあまりない。

それでも、近世文書は村の庄屋や名主《なぬし》の家に伝来していることもあるが、中世文書が村に残された事例はごく少ない。村に伝来した文書を「在地文書《ざいちもんじょ》」というが、本書で取り上げる「有光家文書《ありみつけもんじょ》」はまさに中世の「在地文書」である。

もともと数少ない中世の在地文書であるが、その多くは畿内周辺地域に伝来している。代表的なものに近江の惣村文書である「菅浦文書」、若狭の漁村文書である「秦家文書」、紀伊の惣村文書である「王子神社文書」がある。いずれも中世の村落共同体を研究する上で重要な史料である。

それに対して、「有光家文書」は本州の最西端に位置する長門国正吉郷《まさよしごう》に伝来したものである。

中世の在地文書であること、そして畿内から遠く離れた地域に伝来した文書であることの二つの点から全国的に極めて稀有な存在と言えるだろう。

「有光家文書」は正吉郷八幡宮《まさよしごうはちまんぐう》の大宮司家が持ち伝えた文書である。大宮司を務めていた有光家の文書とされているが、実は有光氏以前には秦氏が大宮司を務めており、「有光家文書」には秦氏の文書も含まれている。その後、江戸中期に大宮司職は有光家から江木家に交替したが、有光家は大宮司職を辞した後も正吉郷内に居住し続け、伝来文書を守り続けた。

「有光家文書」全百二十二点は、昭和五十五年（一九八〇）に原蔵者の有光蝶子氏から山口県（山口県文書館）に寄贈された。その後、平成四年（一九九二）に百二十一点が国指定重要文化財（古文書）になり、特に、「長門国正吉郷入江塩浜絵図」一点（口絵1）は、単独で国指定重要文化財（古文書）になった。この判断は文化庁がその歴史的価値の高さを認めたからであろう。

正吉郷とは

正吉郷はほぼ現在の下関市大字永田郷《ながたごう》と永田本町を合わせた範囲に当たる。近世の絵図から正吉郷の範囲を類推すると、東は現在の大字吉見下《よしみしも》、西は現在の大字吉母《よしも》と隣接し、北の境は峠（梅ケ《うめが》峠《とう》）、南の端は当時の海岸線（中世の海岸線は現在よりも北にあった）であった。海岸近くでは鎌倉末期まで塩田が営まれていた。

正吉郷は中世には正吉村とも呼ばれた。江戸時代には長府藩領の正吉村になり、江戸後期以降は永田郷《ながたごう》村となっている。

正吉郷には正吉郷八幡宮という鎮守社があった。正吉郷八幡宮は、大正六年（一九一七）に村内の九か社と合祀された際、永田神社《ながたじんじゃ》と改称され、同じ場所に所在し現在に至る（写真A）。

なお、本書の理解を助けるため、正吉郷の復元図を作成した。必要に応じて参照してほしい（図1）。

本書のねらい

本書で扱うのはこれまで充分研究されてこなかった中世村落の文書である。塩田の絵図が含まれていることから、すでに中世製塩の実態を伝える貴重な文書としては知られていた。しかし、「有光家文書」の魅力は製塩だけではない。以下に、この文書の興味深い特徴を挙げておく。

①塩田を描いた絵図から、製塩が行われていた場所の地理的条件が窺える。
②上層農民について、宮座や農業経営など、その具体的な活動がわかる。
③下人の売買、及び下人が逃げ込んだアジールについて理解できる。
④売買を混乱させる行為である「徳政」に備えた文書について理解できる。
⑤正吉郷八幡宮大宮司の交代の背景に、守護大内氏の領国支配政策が窺える。
⑥大宮司が行うまじないの中に、中世神道の広がりが見える。

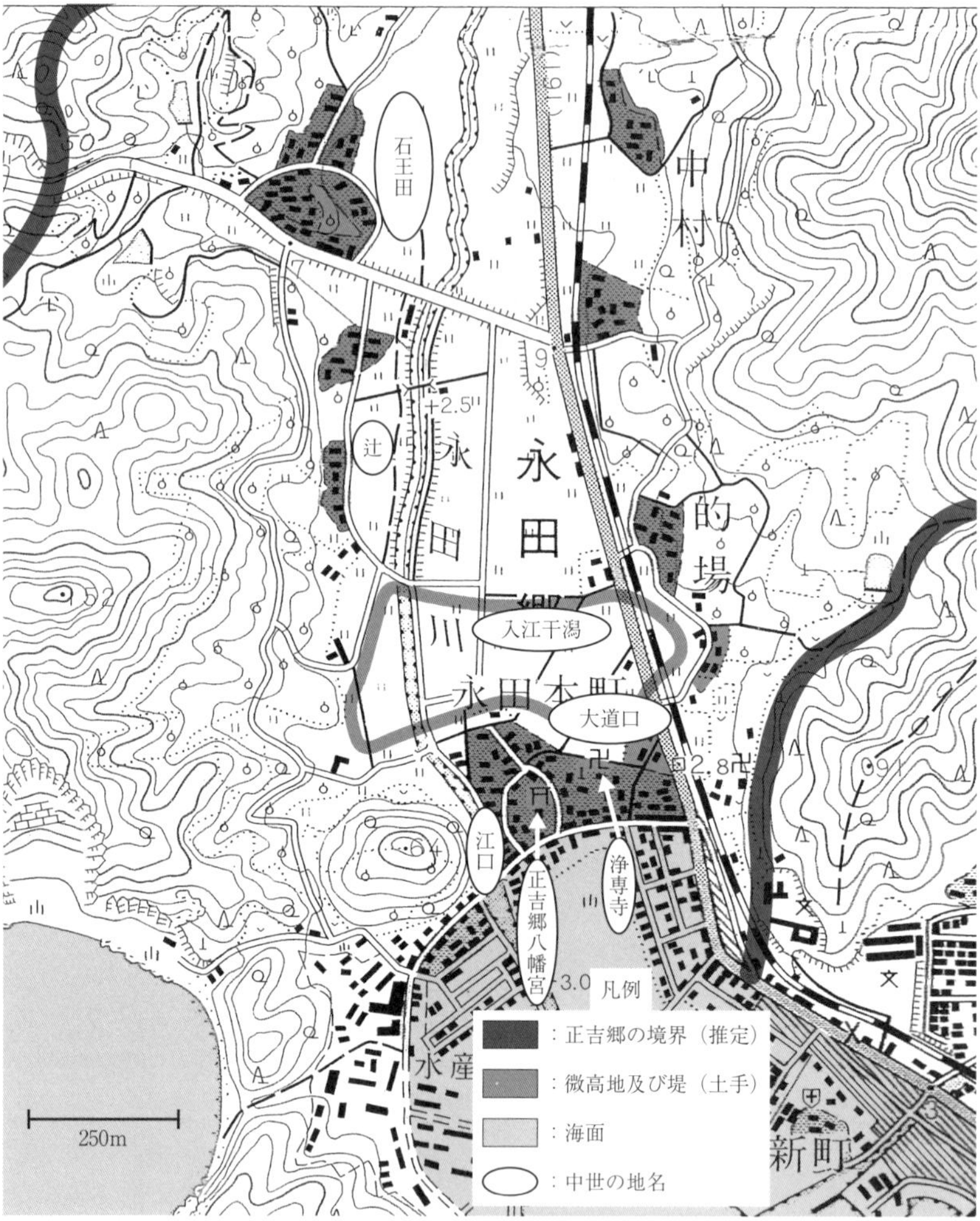

図１　正吉郷復元図(主要部分のみ)

現在では中世村落は概ね〈内部に有力な農民と零細な農民が存在する不平等を含みながら、自治的に運営される共同体〉というイメージで語られている。これは畿内とその周辺にある「惣村」をモデルにして形成された。しかし、限られた地域のイメージを中世村落全般に適用するのは危ういことであろう。

本書のねらいは①〜⑥の切り口から畿内から遠く離れた地域の中世村落の具体像を引き出し、中世村落のイメージをより豊かなものにすることである。

本書の構成

本書では先に掲げた①〜⑥に対応させ、第一章から第六章を設けた。さらに第七章を加え、正吉郷及び正吉郷八幡宮について周辺村落及び他の神社との関係にも触れる。

第一章　塩田
第二章　秦氏
第三章　人身売買
第四章　徳政
第五章　有光氏

写真Ａ　永田神社（中世の正吉郷八幡宮）

第六章　まじない
第七章　長門国の宗教世界

第一章~第六章は正吉郷内の変化を時系列で理解できるよう、概ね出来事の古い順に配列している。

章ごとに数点の文書を掲げ、それぞれ〔1　写真と翻刻〕、〔2　読み下し文〕、〔3　現代語訳〕、〔4　解説〕という四つの段階を設けている。

〔1　写真と翻刻〕

くずし字を翻刻（現代の文字に解読すること）した上、訓点（返り点と読点）を施した。翻刻の改行は原文書どおりとした。

一通の文書は同じ頁内で写真と翻刻を上下に並べて対照しやすいようにした。

〔2　読み下し文〕

仮名の部分に漢字を当てはめたり、言葉を補ったりして、読みやすい和文とすることを心がけた。傍注について、欠けている文字を推測した場合は（　）で示し、当て字などに対し、文字を訂正した場合は〔　〕で示している。

〔3　現代語訳〕

基本的には逐語訳のスタイルをとっている。細かい説明は〈語注〉を参照してほしい。

〔4　解説〕

現代語訳を踏まえて、そのテーマに関連する特徴を解説している。

文中に史料を引用する時は読み下し文にした箇所もある。

掲載文書の諸データ

本書では絵図一点と文書二十三点の写真を掲載しており、文書には文書1から文書23までの通番を付している。これらは「有光家文書」から選んだ二十二点と他家の文書二点である。掲載文書の諸データは一覧表（表1）にまとめている。

「有光家文書」の写真は山口県文書館公式ウェブサイトのデジタルアーカイブからダウンロードした。（URLは http://archives.pref.yamaguchi.lg.jp/search/general/dataBase.php?op=selectList）

本書では写真を掲載したもの以外の「有光家文書」について、その出典は「有光」という略称に『山口県史』史料編中世3の文書番号を付している。

通番	西暦	年月日	文書名	県史	WEB	法量
口絵1 絵図1		年未詳	長門国正吉郷入江塩浜絵図	付録	000	29.1×36.0(一紙)
文書1	1327	嘉暦2年2月12日	惣公文物部武久請文案	龍王5		29.8×42.0(一紙)
文書2	1366	貞治5年2月30日	快乗宛行状	34	028	29.5×40.0(一紙)
文書3	1408	応永15年12月23日	九郎大郎譲状	43	039	26.0×35.2(一紙)
文書4	1410	応永17年3月6日	乗忠宛行状	44	040	27.8×40.7(一紙)
文書5	1221	承久3年11月16日	地頭下文	9	002	32.7×49.6(一紙)
文書6	1268	文永5年10月	地頭代補任状	10	003	34.6×45.5(一紙)
文書7	1293	正応6年4月21日	左兵衛尉源某下文	16	009	28.1×39.6(一紙)
文書8	1341	暦応4年2月5日	秦弘信譲状	26	020	29.0×39.9(一紙)
文書9	1342	康永元年10月27日	地頭寄進状	27	021	28.4×42.7(一紙)
文書10	1271	文永8年3月25日	公文きやくん売券	11	004	29.5×40.0(一紙)
文書11	1288	弘安11年5月16日	ゆきなり売券	14	007	30.4×35.2(一紙)
文書12	1460	長禄4年11月28日	次郎衛門後家売券	54	050	25.7×35.6(一紙)
文書13	1551	天文20年4月26日	守延五郎左衛門契約状	徳蓮寺7		30.0×40.2(一紙)
文書14	1580	天正8年12月27日	河村五郎大郎下人流状	81	080	26.0×22.8(一紙)
文書15	1490	延徳2年2月11日	大宮司余七売券	58	054	26.1×35.7(一紙)
文書16	1534	天文3年2月4日	兼範借状案	64	060	26.8×36.1(一紙)
文書17	1535	天文4年11月6日	ツシノ次郎衛門借状案	65	061	27.1×36.0(一紙)
文書18	1476	文明8年9月22日	宮大夫・大宮司武盛連署請文	57	053	28.5×41.6(一紙)
文書19	1495	明応4年6月13日	五郎左衛門書状	60	056	27.0×36.2(一紙)
文書20		年未詳	有光氏系図	112	031	31.5×42.1(一紙)
文書21	1527	大永7年11月3日	神道灌頂初重印信	62	058	27.1×38.7(一紙)
文書22	1537	天文6年12月17日	尻出縄大事切紙	66	062	26.3×39.6(一紙)
文書23	1537	天文6年12月17日	神道灌頂印信	69	065	26.3×39.6(一紙)

表1　掲載写真の諸データ

凡例
〔通番〕：本書に掲載した文書番号。
〔県史〕：『山口県史』史料編に掲載されている文書の番号。
　・有光家文書は『県史』史料中世3所収。
　「長門国正吉郷入江塩浜絵図」は付録になっている。
　・文書1（龍王5）及び文書13（徳蓮寺7）は『県史』史料中世4所収。
〔WEB〕：山口県文書館公式ウェブサイトのデジタルアーカイブに公開されている画像番号。
〔法量〕：文書の縦横の寸法（cm）と料紙の枚数である。

他家の文書

下関市は中世文書に恵まれた地域であり、「有光家文書」ではわからないことも他家の文書から探ることができる。それらの文書は以下のとおりであり、いずれも『山口県史』史料編中世4に収められている。以後、（ ）内の略称を用いる。

なお、『山口県史』史料編中世3・4は本書では『県史』史料中世3・4と略称する。


「安養寺文書」（安養寺）……大字吉見上に所在。高野山真言宗。

「忌宮神社文書」（忌宮）……長府宮の内町に所在。国指定重要文化財。

「住吉神社文書」（住吉）……一の宮住吉に所在。山口県指定文化財。

「龍王神社文書」（龍王）……大字吉見下に所在。

「徳蓮寺文書」（徳蓮寺）……豊北町大字角島に所在。浄土真宗本願寺派。下関市指定文化財。

関係する地名と寺社

本書に関係する主要な地名と寺社は図2を参照して欲しい。

図２　関係する地名と寺社

〈参考文献〉


蔵持重裕『中世村落の形成と村社会』（吉川弘文館、二〇〇七年）序章。

薗部寿樹「中世・近世村落と宮座」（萩原龍夫旧蔵資料研究会編『村落・宮座研究の継承と展開』岩田書院、二〇一一年）。

長浜市長浜城歴史博物館編『菅浦文書が語る民衆の歴史―日本中世の村落社会―』（サンライズ出版、二〇一四年）。企画展の図録である。「菅浦文書」から特徴的なものをピックアップし、カラー図版を掲げた上、菅浦という惣村の性格を十個のトピックにまとめ、解説を施している。中世村落の概説書としても優れており、本書を編集する上で大変参考になった。

第一章　塩田

全国的に中世の製塩に関係する史料はわずかである。塩田を主題にした絵図となると、年月日未詳「長門国正吉郷入江塩浜絵図」以外に見当たらない。

この絵図から何が読み取れるのであろうか。

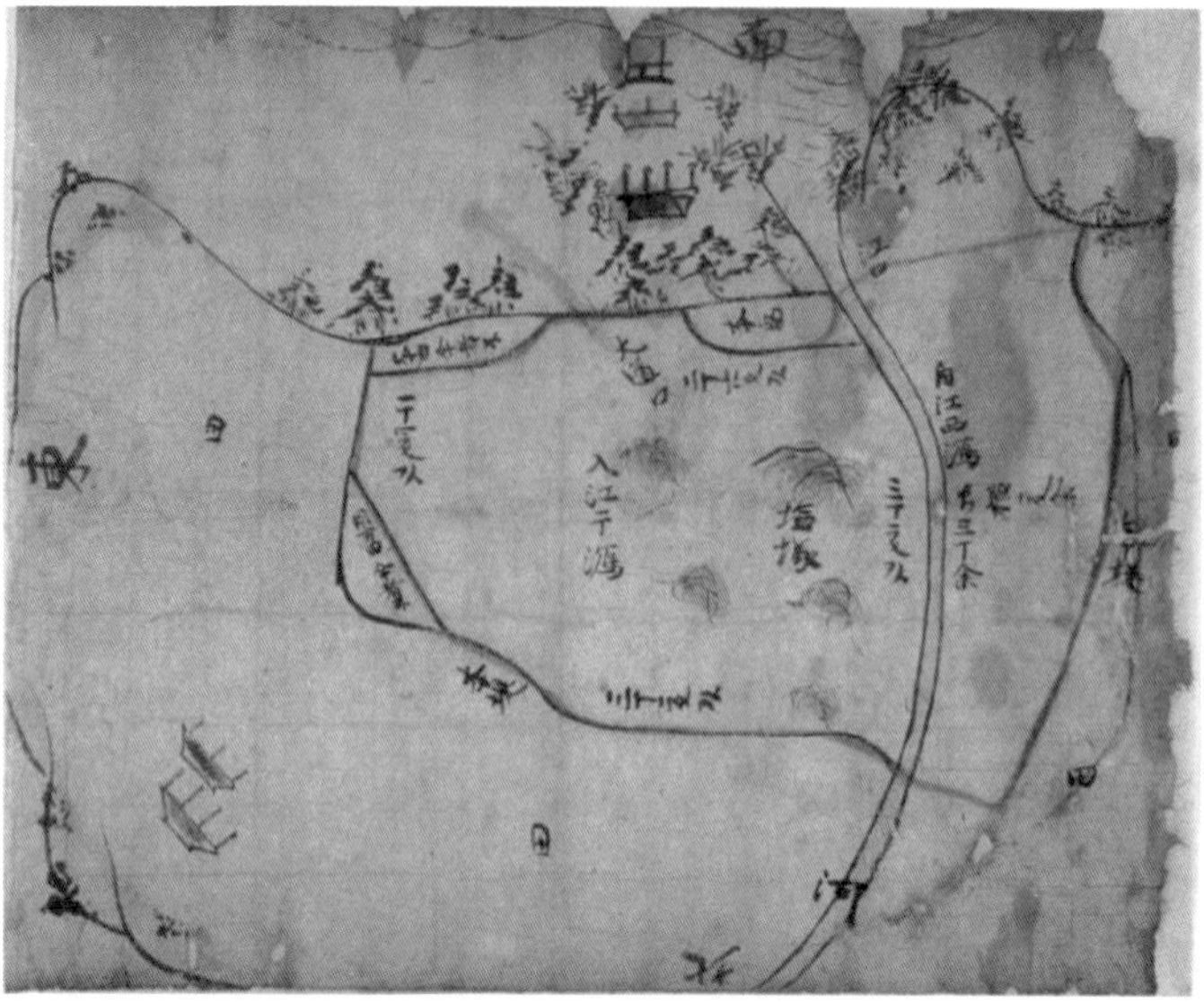

絵図1　長門国正吉郷入江塩浜絵図

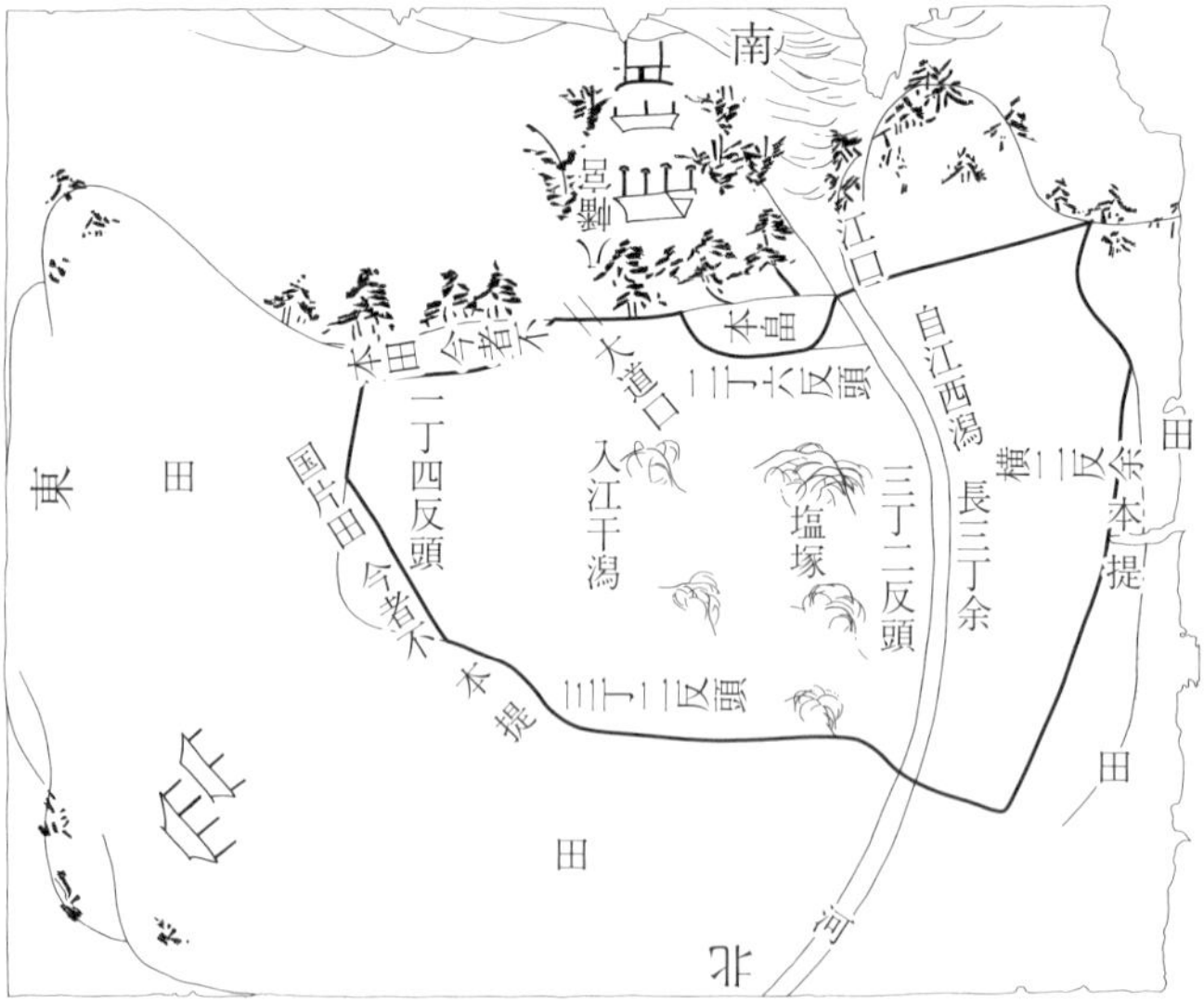

絵図1　トレース図

注　太線は原絵図に引かれた朱線を表す。

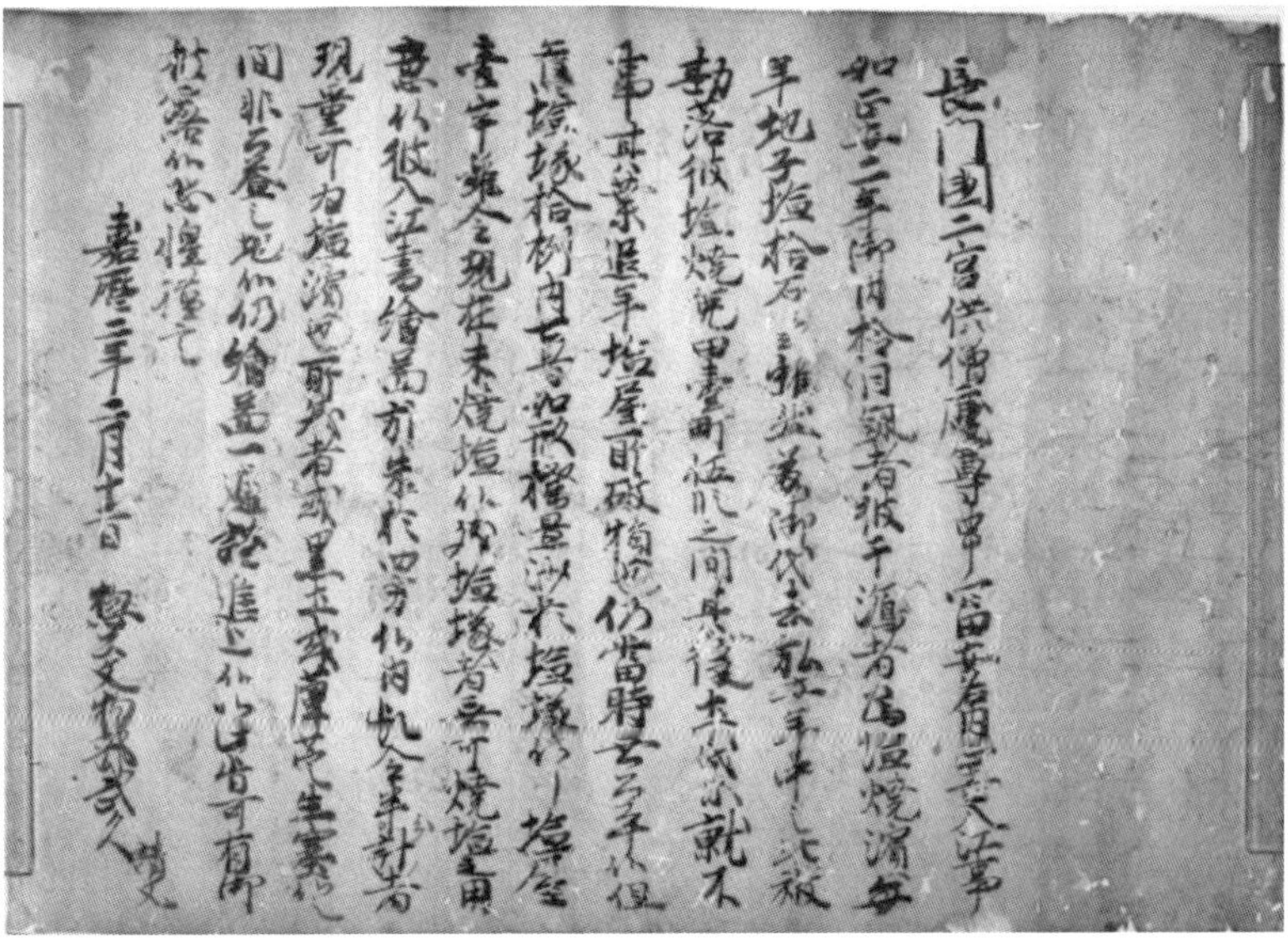

文書1　惣公文物部武久請文案（龍王五）

長門国二宮供僧慶尊申、富安名内正吉入江事、
如二正安二年御内検目録一者、彼干潟者為二塩焼浜一毎
年地子塩拾石云々、雖レ然前御代去弘安年中之比、被レ
勘二落彼塩焼免田壱町伍（五）段一之間、其〇以後土民等就レ不レ
事二其業一、追レ年塩屋所二破損一也、仍当時無二公平一候、但
旧塩塚拾捌（八）内七者、如レ形掻二置沙（砂）於塩塚一候了、塩屋
壱宇雖レ令二現在一、未レ焼レ塩候、残塩塚者無二可レ焼レ塩之用
意一候、彼入江書二絵図一、引二朱於四方一候内、頻令二半〇分一計者
現量可レ為二塩浜一也、所レ残者或黒土或蘆芧生塞候之
間、非二公益之地一候、仍絵図一通謹進上候、以二此旨一可レ有二御
披露一候、恐惶謹言

嘉暦二年二月十二日　　惣公文物部武久請文

文書2　快乗宛行状（有光三四）

宛行

長門国修禅寺領正吉郷入江内田地山野事

合陸（六）段用作坪
山野堺在二寄進状一者

右於二田地山野一者、左近四郎真盛所二宛行一也、

至二年貢以下一者、随二其分限一、無二懈怠一可レ被レ致二

其沙汰一之状、如レ件、

貞治五年二月卅日　別当快乗（花押）

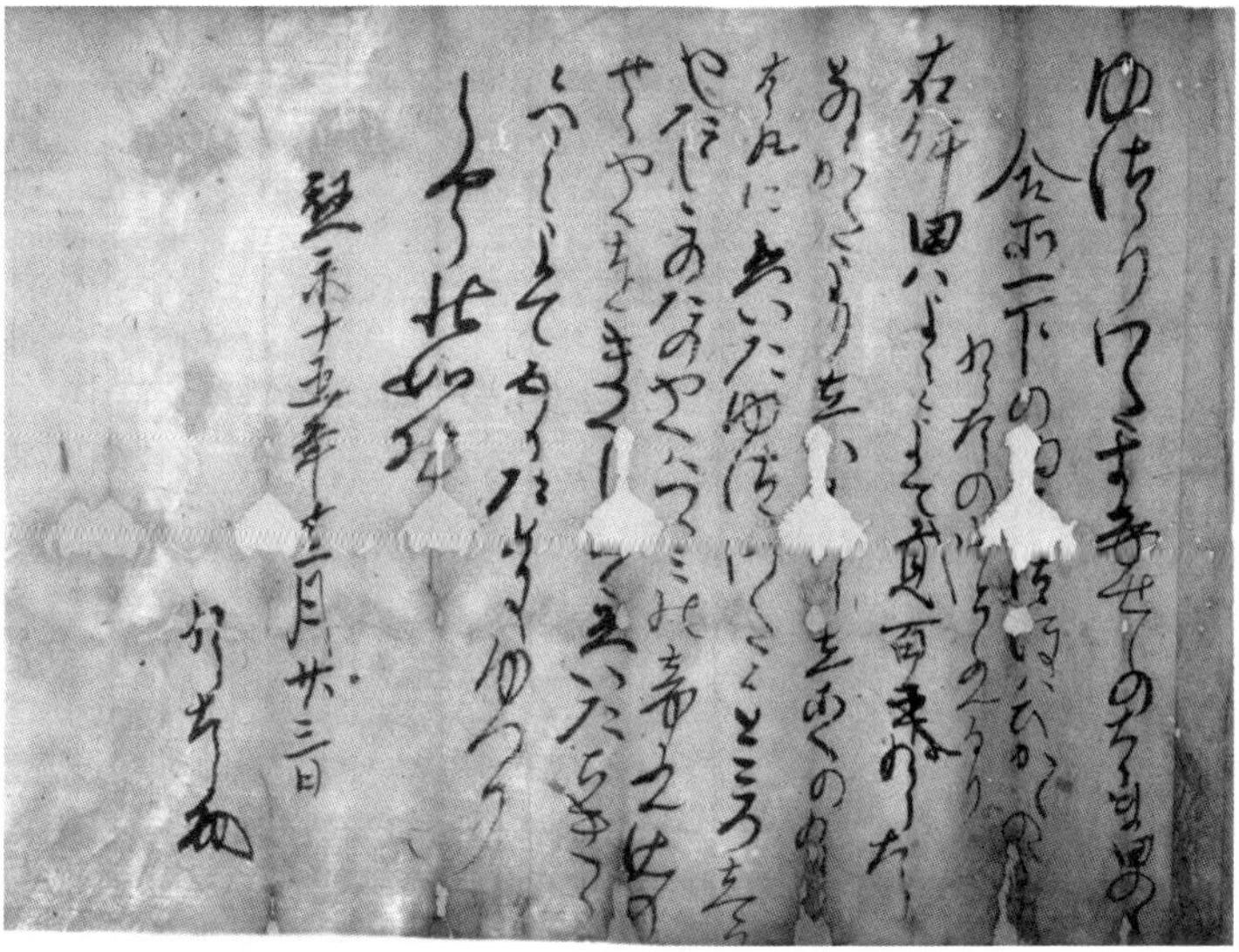

文書3　九郎大《（太）》郎譲状（有光四三）

ゆつりわた《（譲渡）》すしゆせし《（修禅寺）》のはま《（浜）》田の事
合所一丁の内□　つほ《（坪）》ハひかし《（東）》のより《（寄）》
九郎大《（太）》郎のもちふん《（持分）》なり、
右件田ハ、よう《（用）》候よて、弐百五十文九郎大郎
との《（殿）》、かたより、しい□□《（のせ）》うしそく《（子息）》の九郎
大郎丸に、ゑい《（永代）》たゆつ〔り脱〕わた〔し脱〕候ところしち《（実）》
也、た、しこのた《（田）》のやく《（役）》ハ、つゝみ《（堤）》のしゆ《（衆）》ふんけん《（分限）》の
せうやく《（諸役）》をきんし《（勤仕）》□て、ゑい《（永代）》たちきう《（知行）》
候へく候、よて五日《〔後〕》ためにゆつり《（譲）》
しやう《（状）》状《（衍）》如レ件、
応永十五年十二月廿三日
九郎大郎（花押）

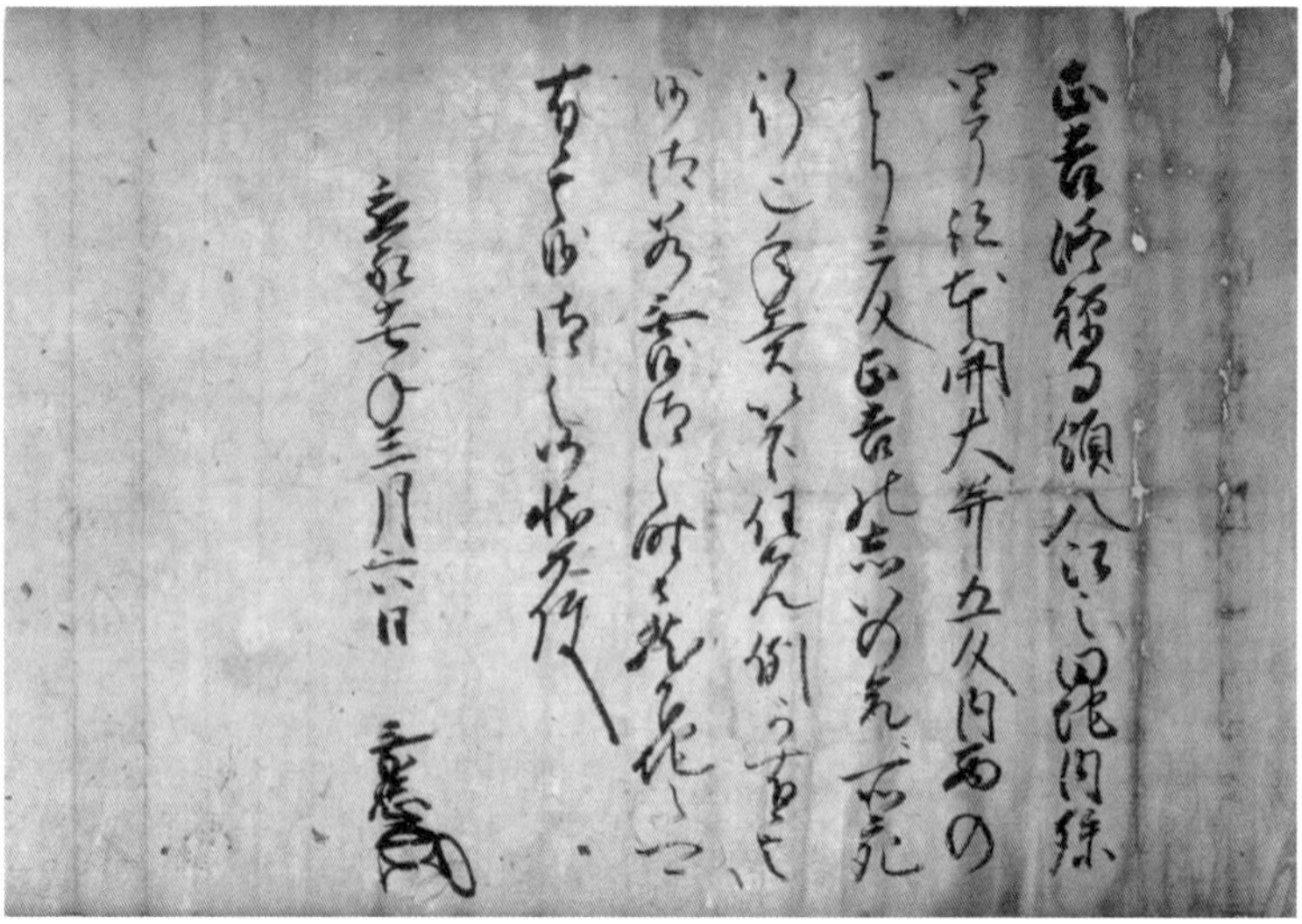

文書4　**乗忠宛行状**（有光四四）

正吉修禅寺領入江之田地内孫
四郎跡本開大并五反内西の
より（寄）三反、正吉のしい（四位）の允ニ所二宛
行一也、年貢以下任二先例一、可レ有二其
沙汰一、若無沙汰之時者、就二下地一之可（行カ）レ
有二其沙汰一也、仍状如レ件、

応永十七年三月六日　乗忠（花押）

2 読み下し文

絵図1（省略）

文書1　惣公文物部武久請文案

長門国二宮供僧慶尊申す、富安名内正吉入江の事、正安二年御内検目録のごとくんば、彼の干潟は塩焼浜として毎年地子《じし》塩拾石と云々、しかりといえども前《さき》の御代《おんだい》去る弘安年中の比《ころ》、かの塩焼免田壱町五段を勘落せらるるの間、それ以後、土民等その業に事《つ》かえざるにつき、年を追って塩屋破損する所なり、よって、当時公《く》平《びょう》なく候、ただし、旧塩塚拾八の内七は形のごとく砂を塩塚に掻《か》き置き候おわんぬ、塩屋壱宇現在せしむるといえども、いまだ塩を焼かず候、残る塩塚は塩を焼くべきの用意なく候、彼の入江を絵図に書き、朱を四方に引き候内、頻《みぎわ》半分せしめるばかりは、現量塩浜たるべきなり、残る所は、あるいは黒土、あるいは蘆茅《あしお》生え塞《ふさ》ぎ候の間、公益之地にあらず候、よって、絵図一通謹んで進上し候、この旨をもって御披露あるべく候、恐惶謹言

嘉暦二年（一三二七）二月十二日　惣公文物部武久請文

文書2　快乗宛行状

宛てがう

長門国修禅寺領正吉郷入江内田地山野の事、

合せて六段、用作坪、山野堺は寄進状にあり、てへれば、

右田地山野においては、左近四郎真盛に宛てがう所なり、年貢以下に至っては、その分限に随い、懈怠なくその沙汰致さるべきの状、くだん

のごとし、
貞治五年（一三六六）二月三十日　別当快乗（花押）

文書３　九郎大郎譲状

譲り渡す修禅寺の浜田の事、
合せて、所一町の内□、坪は東の寄り、九郎大郎の持ち分なり、
右くだんの田は、用候よって、弐百文、九郎大郎殿の方より、しいのせう（四位允）子息の九郎大郎丸に、永代譲り渡し候所実なり、ただし、この田の役は、堤の衆分限の諸役を勤仕□て、永代知行候べく候、よって後日の為に、譲状くだんのごとし、
応永十五年（一四〇八）十二月二十三日
九郎大郎（花押）

文書４　乗忠宛行状

正吉修禅寺領入江の田地内孫四郎跡本開大ならびに五反内西の寄り三反、正吉のしい（四位）の允に宛てがう所なり、年貢以下先例にまかせ、その沙汰あるべし、もし無沙汰の時は、下地につきその沙汰あるべきなり、よって状くだんのごとし、
応永十七年（一四一〇）三月六日　乗忠（花押）

3　現代語訳

絵図1（省略）

文書1　惣公文物部武久請文案

　長門国二宮供僧《くそう》慶尊中す富安名内正吉入江の事。正安二年（一三〇〇）の「御内検目録」では、この干潟は、塩焼浜として毎年地子塩十石が賦課されていたという。

　しかるに、前の御代の去る弘安年中（一二七八～一二八八年）の頃、この塩焼免田一町五段が勘落され、それ以後、土民等が塩焼きに従事しなくなったので、年々塩屋が破損していった。よって、現在は「公平」（地子塩）がない。ただし、旧塩塚十八のうち七つは形ばかり砂を塩塚にかき集めている。塩屋一宇は現存しているが、いまだ塩を焼いたことがない。残っている塩塚は塩を焼く用意ができない。この入江を絵図に描いた。朱線を四方に引いた範囲のうち、頻（水際《みぎわ》）の半分ばかりは現在の塩浜である。残る所は、黒土であったり、蘆《あし》や苧《お》が隙間なく生えていたりするので、公益の地ではない。

　よって、絵図一通を謹んで進上する。この旨をもって披露されたい。恐惶謹言。

　嘉暦二年（一三二七）二月十二日　惣公文物部武久請文

〈語注〉

＊長門国二宮　現在の忌宮神社のこと。

＊供僧　神社で神前に読経する職務の僧。

＊地子《じし》　領主が割り当てた土地に対する地代。

＊塩焼免田《めんでん》　塩焼（製塩）に従事する者を優遇するために給付された田。年貢・公事が免除されている。

＊勘落《かんらく》　没収すること。

＊公平《くびょう》　年貢などの貢納物。
＊瀕　「みぎわ」という読みがある。ここでは水《み》際《ぎわ》のことであると考えておく。
＊惣公文　二宮領富安名の荘官。

文書2　快乗宛行状

宛てがう長門国修禅寺領正吉郷入江内田地山野の事。

合わせて面積は六段で、用作坪にあり、山野の堺は寄進状にある。

右の田地山野は、左近四郎真盛に宛てがう所である。年貢以下については、その分限に従い、怠ることなくその沙汰を致すべきである。状くだんのごとし。

貞治五年（一三六六）二月三十日　別当快乗（花押）

〈語注〉
＊修禅寺《しゅぜんじ》　現在も下関市豊田町狗留孫《くるそん》山に所在する真言宗寺院（図2）。山号の「狗留孫山」の名で修験の霊山として有名である。
＊分限《ぶげん》　所有する田地山野の広さ。

文書3　九郎大郎譲状

譲り渡す修禅寺の浜田の事

面積一町の内、所在地は東寄り、九郎大郎の持ち分である。

この田は、必要が生じたので、代価二百文で、九郎大郎殿から、四位允子息の九郎大郎丸に、たしかに永代譲り渡す。ただし、この田に懸る課役は、「堤の衆」分限の諸役を務めることである。永代知行せよ。よって後日の為に譲状くだんのごとし。

応永十五年（一四〇八）十二月廿三日

九郎太郎（花押）

〈語注〉
＊永代《えいたい》　永久とは違い、長い年月の意味。

文書4　乗忠宛行状

正吉修禅寺領入江の田地の内孫四郎跡本開《ひらき》大ならびに五反の内西寄りの三反を、正吉の四位允に宛てがう所である。年貢以下を先例に従い納めるように。もし無沙汰した場合は、下地をもって弁償すること。よって状くだんのごとし、

応永十七年（一四一〇）三月六日　乗忠（花押）

〈語注〉
＊大　平安時代から江戸初期まで使用された田畑の面積単位。近世以降とちがい、中世の一段は三百六十歩。「大」は一段の三分の二で、二百四十歩のこと。ちなみに「半」は一段の二分の一、百八十歩で、「小」は一段の三分の一、百二十歩である。
＊無沙汰《ぶさた》　年貢を払わないこと。
＊下地《したじ》　土地そのもの。

「有光家文書」には「長門国正吉郷入江塩浜絵図」（口絵1・絵図1）という絵図が含まれている。本章ではこの絵図を中心に正吉郷での製塩の実態に迫りたい。なお、「長門国正吉郷入江塩浜絵図」は以後「入江塩浜絵図」と略す。

絵図が制作された事情

絵図自体には制作年代や制作事情を物語る記載はなく、「有光家文書」中にもそのようなことを知る手がかりは見当たらない。しかし、幸いなことに正吉郷の近隣の吉見郷に伝来した嘉暦二年（一三二七）二月一二日「惣公文物部武久請文案」（文書1）に制作された経緯が記されている。この文書は現在龍王神社（下関市大字吉見下）に所蔵されている。

これは惣公文物部武久《そうくもんもののべのたけひさ》が正吉郷の製塩の現状を報告するために記したものである。文書の初めに長門国二宮の供僧慶尊《くそうけいそん》の証言が引用されており、それによれば、本来正吉郷の干潟は塩焼浜（塩田）であり、毎年地代として塩十石を払うことが義務付けられていたという。

さらに、惣公文物部武久は以下のとおり報告している。

製塩の従事者を優遇するために与えられていた免田《めんでん》が没収され、彼らが製塩の仕事をしなくなったため、現在け塩が貢納されていない。そこで、塩田のあり様を絵図に描いて進上する。図中の朱線で囲まれた範囲のうち半分ばかりは塩田であるが、残る所は製塩ができない状況である。

このように、放棄され機能が失われつつある塩田のあり様を報告するため、鎌倉末期に「入江塩浜絵図」が制作されたのである。

「入江塩浜絵図」

次は「入江塩浜絵図」の内容に注目してみよう。

この絵図は南を上にして描かれている。絵図の南端では波線で海岸線が表現されている。海岸線の北側には社殿とともに「八幡宮」の記載があり、「八幡宮」の文字だけが北を上にして書かれている。

「八幡宮」の東には「江口」があり、この地点で海と「河」(現在の永田川《ながたがわ》)が接しており、「江口」が河口を指すことがわかる。また、「八幡宮」の北には「大道口」という記載がある。

「八幡宮」の北側には塩田があり、その範囲は朱線で示されている。塩田の東北側と西側の二か所に「本堤《ほんづつみ》」という記載があることから、塩田の周囲を堤《つつみ》(土手)が取り巻いていたようである。

塩田の中央には「入江干潟」と「塩塚」という文字がある。「塩塚」は天日に当てて塩分が濃くなった砂をかき集めて盛り上げたものであろう。現在でも能登半島の揚げ浜塩田で、塩水が濃くなった砂を一定の場所に寄せて「塩塚」のようなものを作っている。

正吉郷の製塩

ここで正吉郷で行われていた製塩について、どのような方式で行われていたかを理解するため、先ず、中世の塩田の特徴を把握しておきたい。

中世の塩田には三種類の方式が存在したと言われている。

一つ目は、「自然浜」と呼ばれる方式である。それは潮が満ちると海になり、引くと干潟になる場所を塩浜とし、干潮の時に塩分の付着した砂を集める方法である。

二つ目は、満潮面より高いところに塩浜を作り、海水を人力で汲み上げて砂面に撒く「揚浜《あげはま》」と呼ばれるタイプである。

三つ目は、「古式入浜」である。これは「自然浜」が進歩したもので、近世の「入浜《いりはま》」の先駆的形態である。塩田の周囲に堤防を築き、海面と塩浜を遮断することにより、干満に関係なく濃度の高い海水（鹹水《かんすい》）が得られる。

そして、いずれの方式でも濡れた砂を天日で乾かして砂に微細な結晶塩が付着するのを待ち、このあと塩分の凝固した砂（鹹砂《かんしゃ》）をかき集める。集めた砂にさらに海水を注いで濃厚な海水（鹹水）を作り、最後にこれを釜で煮詰め、塩を採るのである。

山口県が行った製塩遺跡の調査報告書によれば、正吉郷の塩田は①堤（堤防）で囲まれ、②「大道口」という樋門があるという理由から、近世の「入浜」に近い方式と考えられている。そして、網野善彦氏もまた山口県の調査と同様の理由から、正吉郷のタイプを「古式入浜」と呼んでいる。

たしかに、正吉郷の塩田は①〈堤（堤防）で囲まれ、海面から遮断されている〉という理由から、「古式入浜」と言えるだろう。しかし、絵図を見る限りでは「大道口」は海岸から離れており、②〈「大道口」という樋門がある〉とすぐには言えない。樋門とは堤防を横切って塩田に海水を通すための水路のことであり、この位置まで海水が来なければ樋門の意味を成さない。海岸から離れた場所まで海水を引くことができなければ、「大道口」を樋門と認めるわけにはいかないのである。

微高地の存在

そこで、「大道口」まで海水が届いたかどうかを検証するため、中世から現代に至る海岸から「大道口」までの地形の変化を考えてみよう。

「入江塩浜絵図」中では、「大道口」は塩田の南端で「八幡宮」のすぐ北に記されている（図B—1）。現在永田神社（中世の正吉郷八幡宮）の北には水田地帯があり、周囲の土地よりも低く、海抜一メートル台である。一見して塩田の跡だとわかる。そうすると、「大道口」があったであろう場所は水田地帯の南端で永田神社のすぐ北ということになる。

また、絵図の海岸線は正吉郷八幡宮の南側に描かれているが、現在の地図上では永田神社と吉見中学校との間にある道路の線に相当する（図B—3）。そして、現在永田神社の立地する場所は東西に伸びる微高地《びこうち》（周囲より数メートル高い土地）である。つまり、「大道口」があった辺りと絵図の海岸線の間は現在微高地であり、その間は一〇〇メートルほど離れている。

次に、江戸中期に作成された「正吉村地下図《まさよしむらじげず》」（「地下上申絵図《じげじょうしんえず》」、山口県文書館蔵）を見ると、微高地上に集落が形成されており、「●」で表された家屋が密集している。その中には西から東にかけ

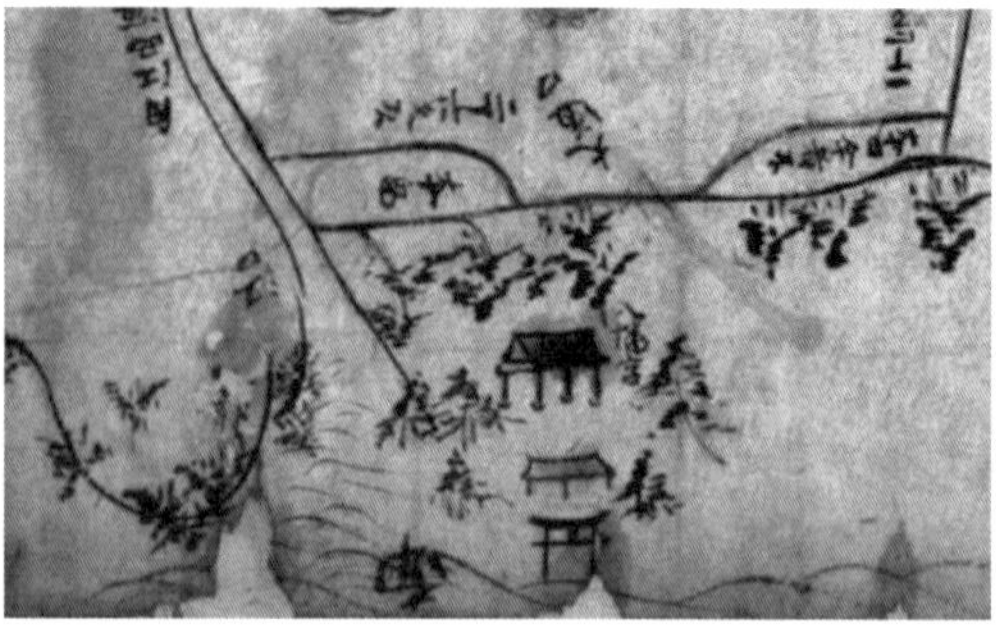

写真B—1　海岸地形の変遷　鎌倉末期

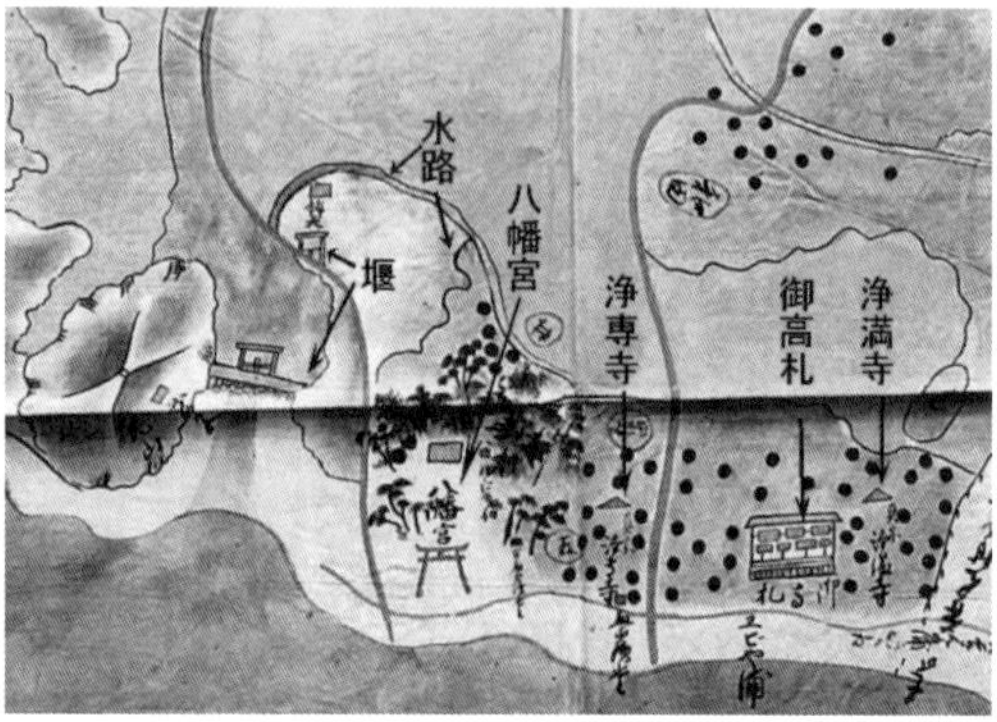

写真B—2　海岸地形の変遷　江戸中期

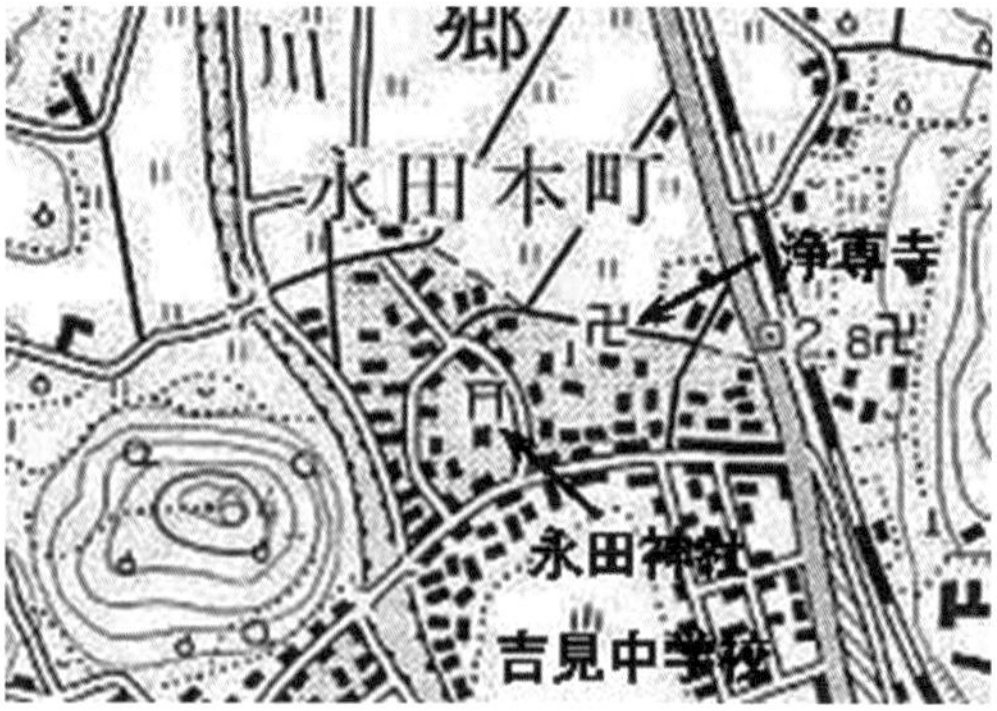

写真B—3　海岸地形の変遷　現在

て、八幡宮（永田神社）、浄専寺、御高札、浄満寺も見える（図B―2）。

さらに、江戸中期に編纂された浄専寺の由緒書（「寺社由来」、山口県文書館蔵）には、永正一五年（一五一八）に有光勘解由《かげゆ》という浪人が出家してこの寺を創建したという記述があり、浄専寺は室町末期まで遡ることができる。そうすると、正吉郷八幡宮と浄専寺が所在する現在の規模に近い微高地は、すでに室町末期には存在したと言える。

では、さらに鎌倉末期まで遡ってみよう。

再度「入江塩浜絵図」を見てみると、ちょうど「大道口」の辺りだけ樹木の列（海岸林）が欠けている。そして、水路を表現したような二本の線が堤（堤防）を表す朱線を横切っているのを読み取ることができる（写真C）。また、「八幡宮」の境内は周囲が樹木で囲まれ、そこだけ小島のように描かれているが、「八幡宮」の東側は、「大道口」と海岸線の間には何も描かれていない（写真B―1）。このことは鎌倉末期では現在の地形とは異なり、「八幡宮」の境内の東側にまだ微高地が形成されておらず、ここに砂浜のような低い地形が広がっていたということではないだろうか。

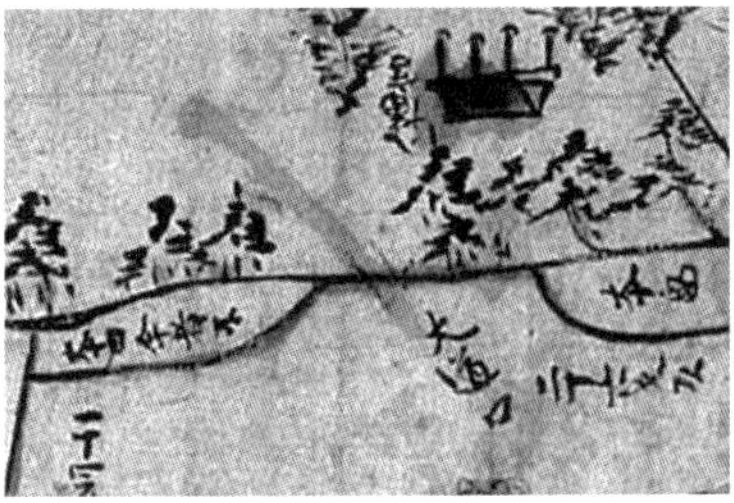

写真C　「大道口」付近

つまり、海岸から「大道口」にかけての範囲の内、「八幡宮」の東側では鎌倉末期には低い地形が広がり、室町末期には同じ場所に現在まで続く微高地ができていたということである。実は、現在の地形図でも永田神社の境内はその周囲を道路が丸く囲み、ここだけが小島のように盛り上がって見える（写真B—3）。微高地の中で他の場所と成り立ちが異なっているように思われるのである。

海岸線の後退

では、微高地がなかった時代の海岸線はどうなっていたのだろうか。

水島稔夫氏は、鎌倉末期に日本列島が寒冷期に入って海水面が低くなり、正吉郷の海岸線が後退した可能性を指摘している。また、同様の現象が吉母《よしも》浜《はま》遺跡（下関市大字吉母）でも起こり、拡大した砂丘の上に中世の共同墓地が築かれたと言う。たしかに中世の末期には全国の海岸で砂丘が成長し、陸奥国の十三《とさ》湊《みなと》や長門国の肥中《ひじゅう》湊では砂が溜まって港の機能が損なわれている。

鎌倉末期の気候変動を踏まえると、「入江塩浜絵図」は、「大道口」と海岸の間でまだ微高地が形成されていないが、海岸線は南に後退した段階の図であると思われる。したがって、気候変動の前ならば、海岸線はもっと北にあり、微高地も存在していないので、「大道口」まで海水が届いていたと考えられる。それなら「大道口」は海水を塩田に導入する樋門であると認められるだろう。

しかし、せっかく「大道口」と言う樋門が設けられていても、海岸線が遠ざかって海水が来なければ製塩はストップする。文書1では製塩が放棄された理由に免田の没収が挙げられているが、この出来事は村人に製塩の放棄に踏み切るきっかけを与えたに過ぎなかったのではないだろうか。それよりも、気候変動によって海岸線が遠ざかって樋門が機能しなくなったことの方が深刻な打撃だったのではないだろうか。

「入江塩浜絵図」には塩田を堤（堤防）で囲んで海面から遮断し、海水を樋門から通して塩田に溜めるという中世では先進的な方式（古式入浜）による塩田の姿が描かれている。それとともに、微高地が形成される途上の地形が描かれており、気候変動の反映が見られるという点でも貴重な絵図と言えるだろう。

もう一つの経路

江戸中期の「正吉村地下図」（口絵2）を見ると、かつての塩田は黄色で表示され、水田地帯に変わっている。水田地帯の南西に河口があり、そこに石垣造りの堅固な堰《せき》が描かれている。それとは別に、少し上流にも小さい堰が描かれ、そこから東に細い水路が延び、正吉郷八幡宮の北側に達している（写真B―2）。石垣造りの方の堰《せき》は満潮時に閉じて海水が川（永田川）に逆流することを防ぐものである。そうしないと海水が水田に流入し、塩害を引き起こす。そして、小さい方の堰で用水に水を通すため、川から水を分岐させたのだろう。

これに対して、製塩が盛んな時代には海水の逆流を防ぐ必要はなく、河口を塞ぐ堰はなかったと考えられる。逆に満潮時に海水が逆流するのを利用して塩田に海水を導入していただろう。おそらく川口から少し上流に江戸中期の小さい方と同じような堰があり、そこから海水を水路に分岐させ、塩田に導入していたのではないか。つまり、鎌倉末期では川を経路として塩田に海水を導入していたということである。

そのため、「入江塩浜絵図」には取水口であることを示すため、「大道口」とともに河口からの経路が「江口」と記されているのであろう。

そして、海岸線が遠くなって「大道口」からの取水が困難になっても、しばらくは「江口」からの経路によって製塩を続けていたのではないか。

しかし、満潮時に海水が川を逆流して塩田に入ってきても、川を流れる淡水が海水に混ざり、海水が薄まることは避けられない。その結果、塩田に溜まる塩水の塩分濃度は十分ではなく、作業効率が悪いため、村人が製塩を放棄するのは時間の問題であっただろう。

耕地化

これまで見てきたように、鎌倉末期に正吉郷の製塩は行き詰まった。では、このあと村人は廃れつつある塩田にどのように向き合ったのであろうか。

文書2によれば、南北朝時代に正吉郷の「入江」（塩田のこと）に田地があり、しかもその田地の中には「用作坪《ようじゃくつぼ》」と呼ばれる生産性の高い所まであった。「用作」は領主直営地など上質の田のことであり、特に九州に多い地字《ちあざ》である（服部英雄『景観にさぐる中世』新人物往来社、一九九五年）。

文書3では九郎太郎という農民が「浜田」を譲り渡しており、室町初期に塩田内の田を「浜田」と呼んだことがわかる。ところで、この文書では、新しい持ち主は「つゝミ（堤）のしゆ（衆）」（堤の衆）に課役を納めることが義務付けられている。「堤の衆」は堤（堤防）を管理する組織であろう。塩田が廃れて以降、堤（堤防）の性格が変わり、海水が「浜田」に流入するのを防ぐ機能を果たすようになったと思われる。そこで、堤（堤防）の恩恵を受ける農民たちによる管理団体ができ、それが「堤の衆」と呼ばれていたのであろう。

写真D　塩田の跡（大字永田郷）
（南からの眺め）

また、文書4によれば室町中期に「孫四郎跡本開《ほんびらき》」と呼ばれる田地が見えることから、「本開」（元の開発地）に対する「新開」（新たな開発地）の存在が想定できる。

南北朝時代以降、正吉郷では農民による塩田の耕地化が進んだ。このような農民たちの努力のお蔭で、現在塩田の跡には平らな水田が広がる美しい景観が残っている（写真D）。

新たな塩田

中世の塩田は正吉郷八幡宮の北側にあり、海岸から距離のある特異な立地をしていた。実は、近世末期になると、中世とは逆に正吉郷八幡宮の南側に新たな塩田が開発された。この塩田は近代になっても営まれ、特に「古浜」と呼ばれた場所では昭和三四年（一九五九）まで製塩が続けられた。そこは現在吉見中学校及び太陽光発電所になっている。「新浜」と呼ばれた場所は戦後水産大学校になっている。このように、「古浜」と「新浜」が学校などの用地として転用されたことにより、現在の海岸線は「入江塩浜絵図」の海岸線よりもさらに二〇〇メートルほど南に移っている。

〈参考文献〉

網野善彦「中世の製塩と塩の流通」（『講座・日本技術の社会史』第二巻　塩業・漁業、日本評論社、一九八五年）。
越智令而編集『吉見の塩田物語』（吉見地区まちづくり協議会、二〇一六年）。
水島稔夫「歴史的環境」（『御堂遺跡』下関市教育委員会、一九九一年）。
山口県埋蔵文化財調査報告八〇『生産遺跡分布調査報告書　製塩』（山口県教育委員会、一九八四年）。
渡辺則文「前近代の製塩技術」（前掲『講座・日本技術の社会史』第二巻）。

〈史料集〉

正吉村浄専寺の由緒書（『防長寺社由来』七巻、山口県文書館編集・発行、一九八六年）。

〈追記〉　近年、気候変動から日本中世社会にアプローチする研究方法が試みられている。この研究方法はまだ一般的ではないが、中世の海退現象（海水面が低くなり、海岸線が遠ざかる現象）を扱った左記の二編は、「入江塩浜絵図」及び文書1が作成された事情を読み解く上で重要なカギとなるであろう。

磯貝富士男『中世の農業と気候―水田二毛作の展開―』（吉川弘文館、二〇〇二年）第二部第一章「パリア海退と日本中世社会」。

田家　康『気候で読む日本史』（日経ビジネス文庫、二〇一九年、初出は二〇一三年）第Ⅲ章「1300年イベント」という転換期」。

磯貝氏は、ちょうど日本中世に相当する一二世紀から一六世紀前半までの間に、地球が小氷期に入り、「パリア海退」と呼ばれる海退現象が起きていたことを指摘している。また、田家氏は、「一三〇〇年イベント」と言う温暖期から寒冷期への移行期（一二五〇年から一三五〇年の間）に起きた海退現象に注目している。

第二章　秦氏

正吉郷には秦氏という一族がいた。秦氏は上層農民であり、正吉郷八幡宮の大宮司でもあった。

秦氏が村の中で果たした役割は何だったのであろうか。

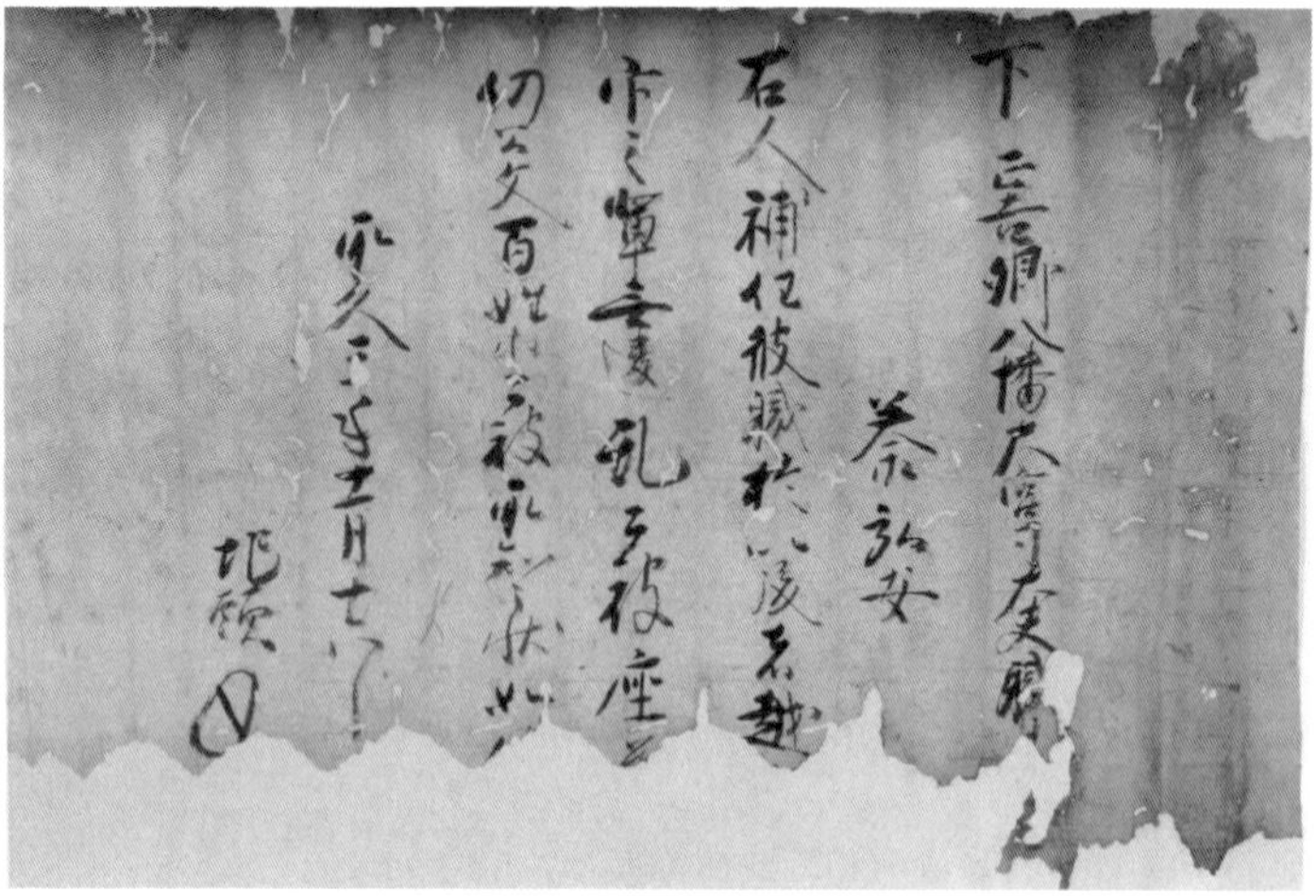

文書5　**地頭下文**（有光九）

下　正吉郷八幡大宮司大夫職□〔事〕

　秦弘安

右人補二任彼職一、於二以後一者、越二□〔無〕

官之輩一、無二違乱一可レ被二座□〔着〕一、

仍公文百姓等可レ被二承知一之状如レ□〔件〕、

承久三年十一月十六日

地頭（花押）

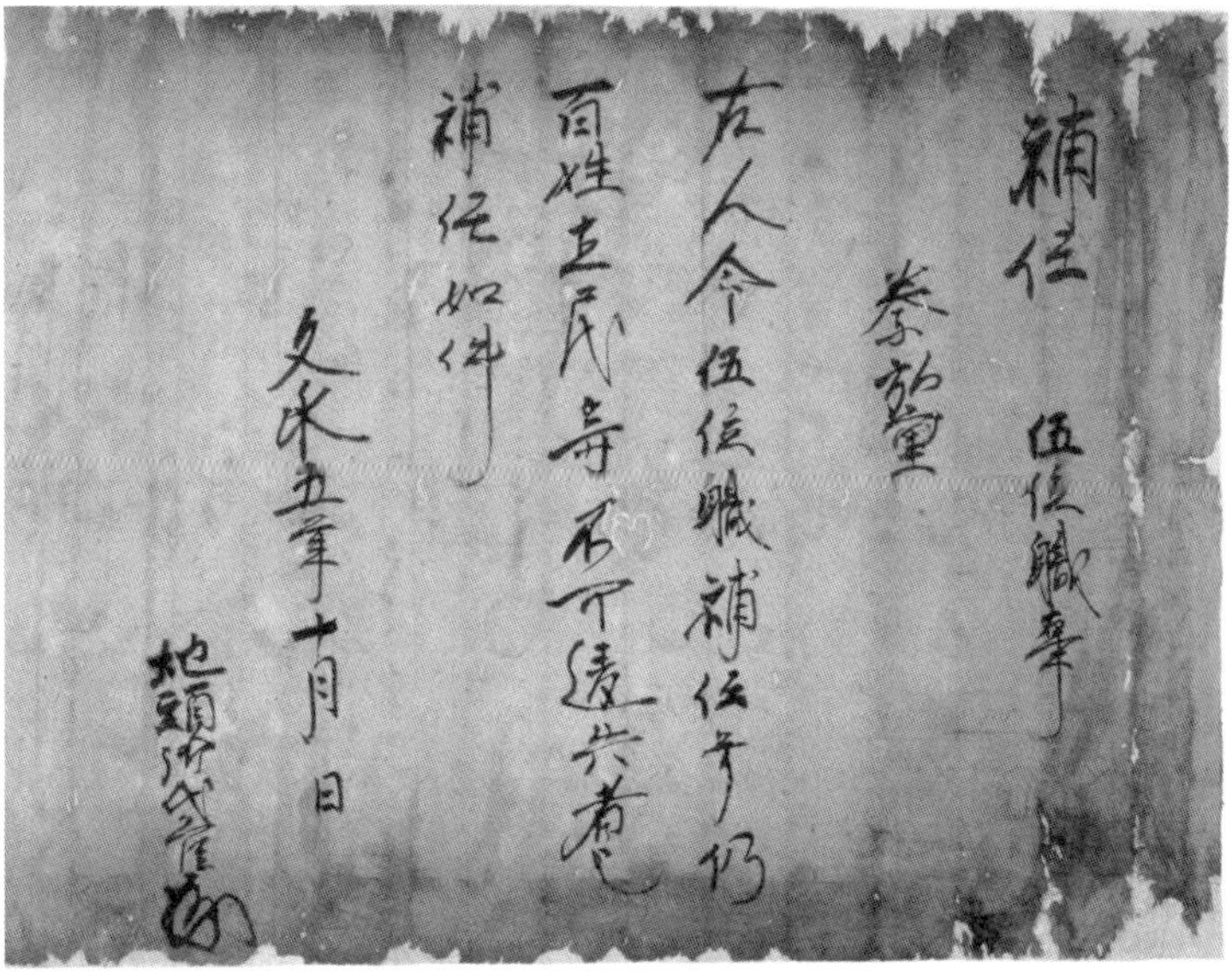

文書6　**地頭代補任状**（有光一〇）

補任　伍位職事

秦弘重

右人令二伍位職補任一畢、仍
百姓土民等不レ可二違失一者也、
補任如レ件、

文永五年十月　日

地頭御代官（花押）

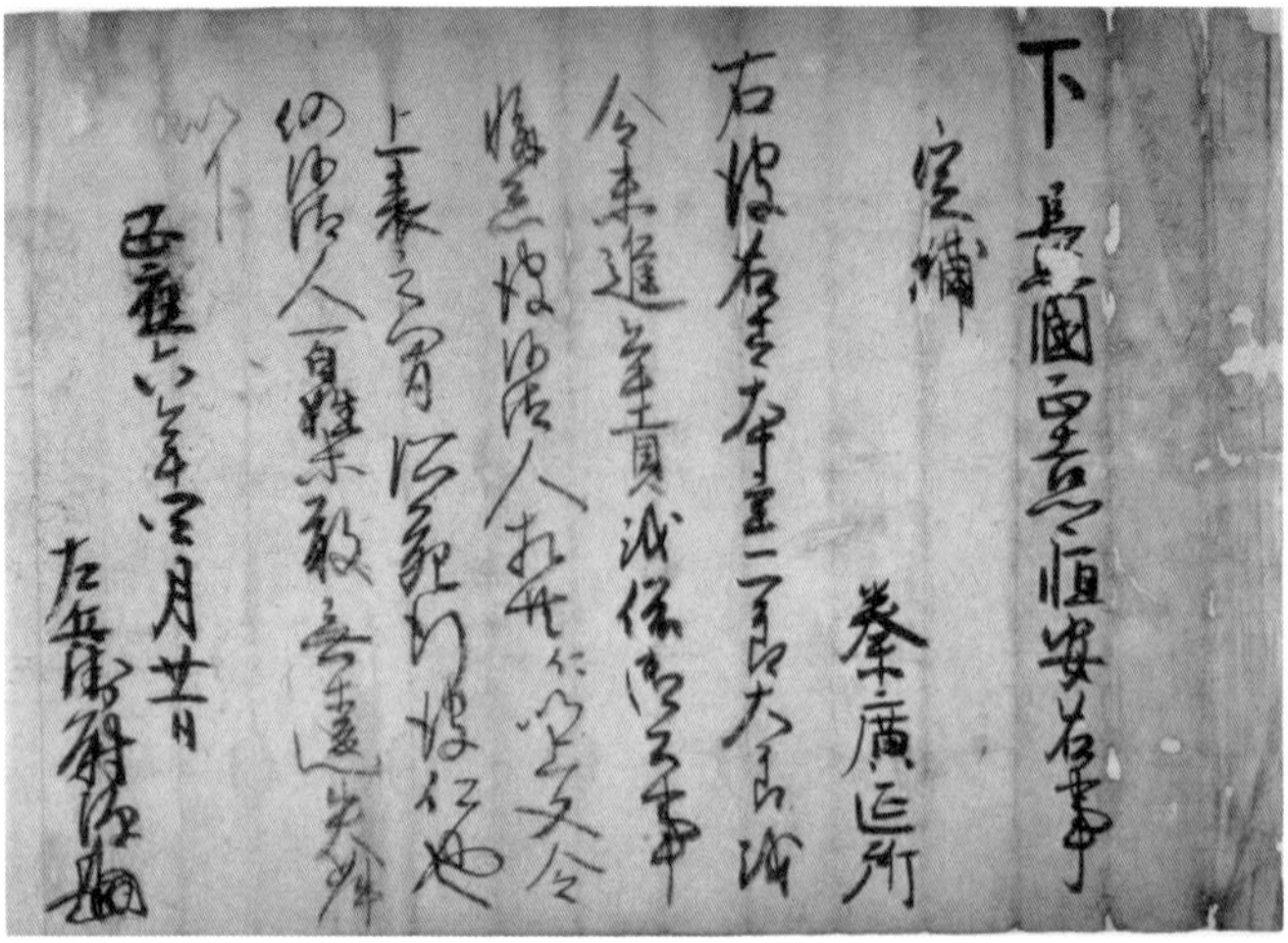

文書7　左兵衛尉源某下文（有光一六）

下　長門国正吉郷恒安名事

定補

秦広延所

右彼名者、本主二郎大郎或
令レ未二進年貢一、或依二御公事
懈怠一、彼沙汰人相共仁以二上文一令二
上表一之間、所レ宛二行彼仁一也、
仍沙汰人百姓等敢無二違失一如レ件、
以下、

[redacted]《正応》六年四月廿一日

左兵衛尉源（花押）

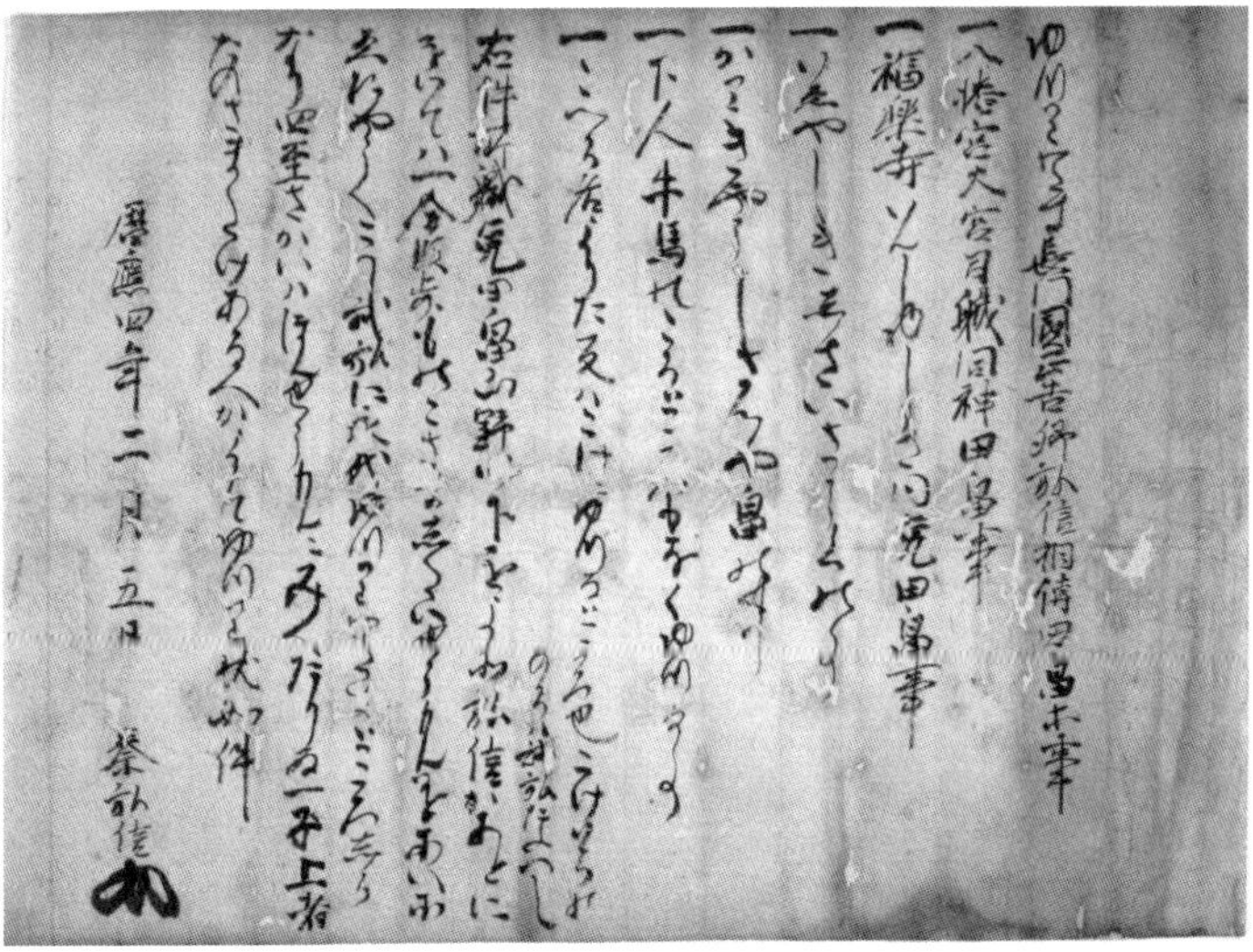

文書8　秦弘信譲状（有光二六）

ゆつりわたす《譲渡》長門国正吉郷弘信相伝田畠等事、
一八幡宮大宮司職・同神田畠事、
一福楽寺いんしゅしき《院主職》・同免田畠事、
一いゑやしき《家屋敷》・しさいさうく《資材雑具》の事、
一かりきやうし・さんや《山野》・畠の事、
一下人牛馬のこる《残》ところ《所》もなくゆつる《譲》事、
一こへち《小別》名よりた《田》一反ハ、こけ《後家》ニゆつる《譲》ところ也、こけいち《一期》の
のちハ、武弘たふ《給》へし、
右件所職免田畠山野以下をよそ弘信かあと《跡》に
をいてハ、一分段歩ものこす《残》、したいせうもん《次第証文》をあいそ《添》
ゑ、ひやうへ《兵衛》三郎武弘に永代ゆつりわたす《譲渡》ところ《所》しち《実》
なり、四至さかい《境》ハほんせうもん《本証文》ニみ《見》へたり、為二一子一上者、
たの《他》さまたけ《妨》あるへか《らす脱》、よてゆつり《譲》状如レ件

暦応四年二月五日　秦弘信（花押）

文書9　地頭寄進状（有光二七）

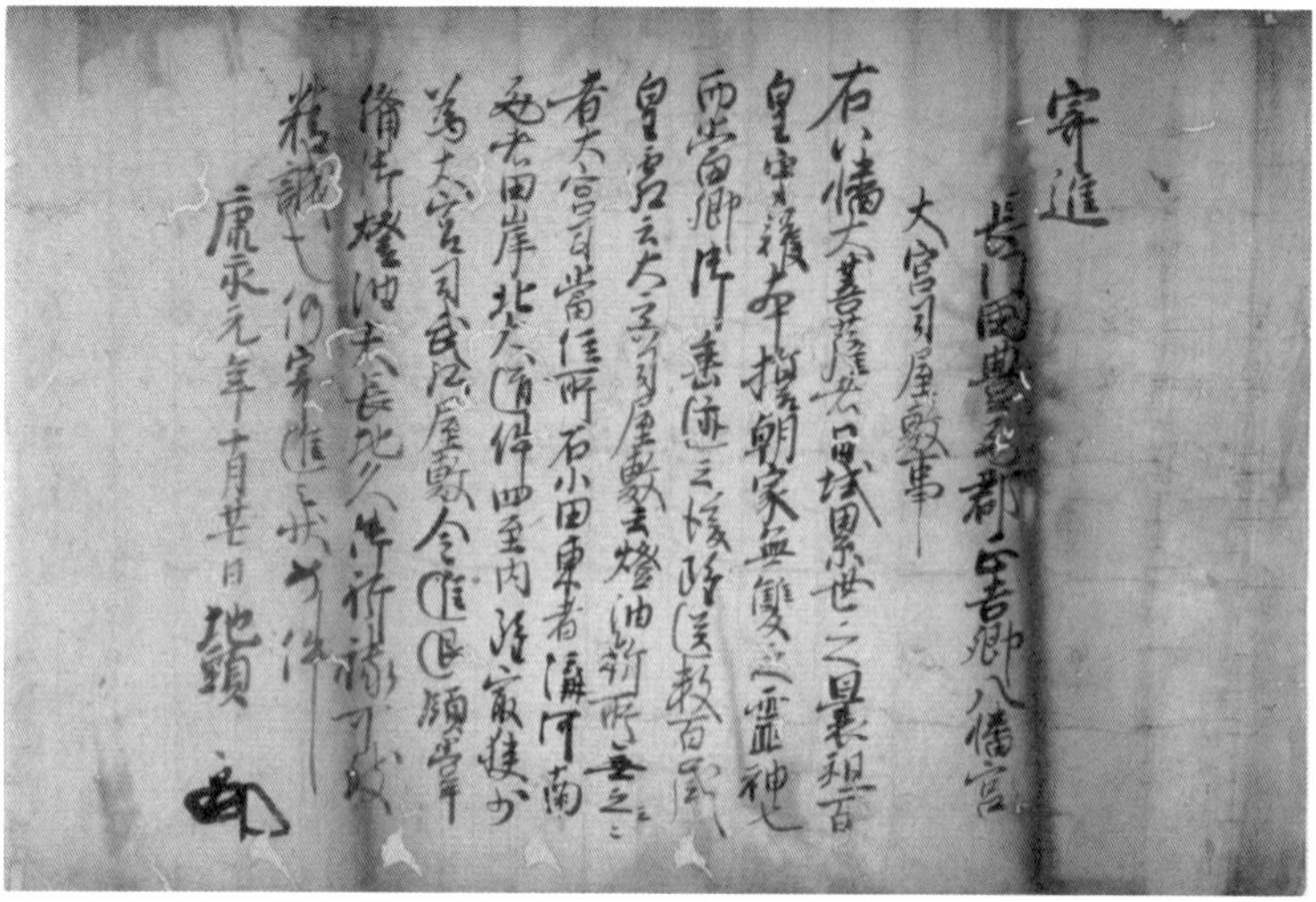

寄進

長門国豊西郡正吉郷八幡宮

大宮司屋敷事

右八幡大菩薩者、日域累世之曩祖、百

皇守護本誓、朝家無双之霊神也、

而当郷御垂迹之後、雖レ送二数百歳

皇霜〔星〕一、云二大宮司屋敷一、云二灯油料所一、無レ之云々

者、大宮司当住所石小田、東者溝河、南

西者田岸、北大道、件四至内雖二最狭少一、

為二大宮司武弘屋敷一令三進退領掌一、

備二御灯油一、天長地久御祈禱可レ致二

精誠一也、仍寄進之状如レ件、

康永元年十月廿七日　地頭（花押）

2　読み下し文

文書5　地頭下文

下す　正吉郷八幡大宮司大夫職の事

泰弘安

右の人彼の職に補任す、以後においては、無官の輩《ともがら》を越え、違乱なく座着さるべし、よって公文百姓等承知せらるべきの状、くだんのごとし、

承久三（一二二一）年十一月十八日

地頭（花押）

文書6　地頭代補任状

補任《ぶにん》す　伍位職の事

泰弘重

右の人伍位職に補任せしめおわんぬ、よって百姓土民等違失すべからざるものなり、補任くだんのごとし、

文永五（一二六八）年十月　日

地頭御代官（花押）

文書7　左兵衛尉源某下文

下す　長門国正吉郷恒安名の事

定め補《ぶ》す

秦広延の所

右彼の名《みょう》は、本主二郎大郎、あるいは年貢を未進せしめ、あるいは御公事懈怠により、彼の沙《さ》汰人《たにん》相共《あいとも》に上文をもって上表せしむるの間、彼の仁に宛てがう所なり、よって沙汰人百姓等あえて違失するなかれ、くだんのごとし、もって下す、

正応六（一二九三）年四月廿一日

左兵衛尉源（花押）

文書8　秦弘信譲状

譲り渡す長門国正吉郷弘信相伝田畠等の事、
一八幡宮大宮司職・同神田畠の事、
一福楽寺院主職・同免田畠の事、
一家屋敷・資材雑具の事、
一かりきやうし・山野・畠の事、
一下人牛馬残る所もなく譲る事、
一こへち（小別）名より田一反は、後家に譲るところなり、

後家一期の後は、武弘給《た》ぶべし、

右くだんの所職・免田畠・山野以下およそ弘信が跡においては、一分段歩も残さず、次第証文をあい添え、兵衛三郎武弘に永代譲り渡すところ実なり、四至《しいし》境《さかい》は本証文に見えたり、一子たる上は、他の妨げあるべからず、よって譲状くだんのごとし、

暦応四年（一三四一）二月五日　秦弘信（花押）

文書9　地頭寄進状

寄進す

長門国豊西郡正吉郷八幡宮大宮司屋敷の事

右八幡大菩薩は、日域《にちいき》累世の曩祖《のうそ》、百皇守護本誓、朝家無双の霊神なり、しかるに当郷御垂迹の後、数百歳の星霜を送るといえども、大宮司屋敷といい、灯油料所といい、これなしと云々、てえれば、大宮司当住所石小田、東は溝河、南・西は田岸、北は大道、くだんの四至内最も狭少といえども、大宮司武弘屋敷として進退領掌せしめ、御灯油を備え、天長地久御祈禱の精誠を致すべきなり、よって寄進の状くだん

のごとし、

康永（一三四二）元年十月廿七日　地頭（花押）

3　現代語訳

文書5　地頭下文

下す正吉郷八幡大宮司大夫職の事。

泰弘安をこの職に補任する。

以後は、無官の輩を越え、違乱なく座に着くように。よって公文百姓等承知すべきの状くだんのごとし、

承久（一二二一）三年十一月十六日

地頭（花押）

文書5の案文《あんもん》（中世の写し）は「有光家重書案」（山口県文書館WEB001）の貼り継がれた八通のうち二番目の文書にあたる。正文は下辺が虫食いになって文字が欠けているが、案文によって欠けた文字を補うことができる。

文書6　地頭代《じとうだい》補任状

補任す伍位職の事。
泰弘重を伍位職に補任する。
よって百姓土民等は違失すべからず。補任くだんのごとし。
文永五年（一二六八）十月　日
地頭御代官（花押）

〈語注〉
＊地頭御代官　地頭代とも言う。地頭の代官のこと。

文書7　左兵衛尉源某下文

下す長門国正吉郷恒安名の事。

定め補す秦広延の所。

右彼の名は、元の持ち主の二郎大郎が年貢を未進し、公事を怠ったので、彼の沙汰人と共に上文をもって上表したので、彼の仁（秦広延）に宛てがう所である。よって沙汰人百姓等あえて違失することがあってはならない。くだんのごとし、もって下す。

正応六年（一二九三）四月廿一日
左兵衛尉源（花押）

〈語注〉
＊沙汰人　公文と同様の下級荘官。
＊上表　支配者に文書で上申すること。

文書8　秦弘信譲状

譲り渡す長門国正吉郷弘信相伝田畠等の事、
一八幡宮大宮司職・同神田畠の事、
一福楽寺院主職・同免田畠の事、
一家屋敷・資材雑具の事、

一かりきやうし・山野・畠の事、
一下人牛馬残るところもなく譲る事、
一小別名より田一反は、後家に譲るところである。後家一期の後は、武弘に与えよ。
右の所職・免田畠・山野以下、弘信のすべての資産は、一分段歩《たんぶ》も残さず、一部始終がわかる証文を添え、たしかに兵衛三郎武弘に永代譲り渡す。四至境は本証文に見えている。一子たる上は、他の妨げがあってはならない。よって譲状くだんのごとし、

暦応四年（一三四一）二月五日　秦弘信（花押）

〈語注〉

＊弘信　秦弘延は暦応四年（一三四一）の頃だけ「弘信」と署名している。前年の暦応三年（一三四〇）二月一日にも譲状を認《したた》めているが（有光二二三）、この時は「弘延」と署名している。

＊かりきやうし　「山野」の前に書かれていることから、山で狩をするための行司（取り仕切る役）という意味で「狩行司」と書くのであろうか。

＊一期《いちご》　鎌倉後期から見られる「一期分」という相続の慣習のことで、子孫に対し一生涯だけに限って相続を許すこと。分割相続から嫡子単独相続に向かう過渡的な形態であり、特に女子相続の場合に見られる。

　弘信相伝田畠等のうち田一反は、後家が生きている間は彼女に譲られるが、彼女の死後は嫡子の武弘に与えられる。つまり、弘信の資産は「一期分」の慣習にのっとり、最後は男系に戻るのである。

＊一分《いちぶん》　ごくわずかな部分のこと。

文書9　地頭寄進状

寄進す、長門国豊西郡正吉郷八幡宮大宮司屋敷の事

右八幡大菩薩は、日域の代々の曩祖、百皇守護の本誓、朝家無双の霊神である。しかるに八幡大菩薩が当郷御垂迹の後、数百歳の年月を経たが、大宮司屋敷も灯油料所もないという。そこで、大宮司の当住所である石小田を、四至内(東は溝河、南・西は田岸、北は大道)は最も狭小であるが、大宮司武弘屋敷として進退領掌せよ。御灯油を備え、天長地久の御祈禱の精誠を致すべきである。よって寄進の状くだんのごとし、

康永元年(一三四二)十月廿七日　地頭(花押)

〈語注〉

＊屋敷　建物ではなく、屋敷地という意味である。

＊日域　日本のこと。

＊曩祖　先祖。

＊百皇　「百王《ひゃくおう》」とも。歴代天皇のこと。

＊本誓　仏・菩薩が過去において立てた衆生救済の誓願。

＊朝家　天皇家。

＊当郷御垂迹　中世では、神は荘や郷といった地域ごとに垂迹し、鎮守神としてその土地を守っていると考えられていた。

＊石小田　石和田とも記され、現在の大字永田郷石王田にあたる。

正吉郷の中央には低くて平坦な塩田があり、その周囲に微高地が散在していた(図1)。大宮司屋敷があった石小田は微高地の一つである。正吉郷八幡宮の境内も微高地である。そして、文書17に見えるツシ(辻)ノ次郎衛門という人物が住んでいた「辻」は、現在の大字永田郷辻に相当し、ここも微高地である。

一般に水田地帯では低湿地に水田が営まれ、微高地に住居が設けられることが多い。文書に見える地名から、中世の正吉郷でも微高地が屋敷地に選ばれていたと言える。

＊田岸《たぎし》　となりの田との間にあるがけ。この場合

の「岸」はがけや段差の意味。
＊進退領掌　所領として支配すること。
＊天長地久　天地が永久に変わらないように物事がいつまでも続くこと。

4　解説

正吉郷

中世では正吉郷のようにいわゆる農民の生活の場となるムラを郷や村と呼んだ。諸国には国―郡―郷―村という地域の階層区分があった。また、このような区分とは別に、皇族・貴族・大寺社のような支配者層が所有していた土地のまとまりである荘園が存在した。そして、多くの場合、郷や村は荘園に属していた。農民は荘園の支配者に対して年貢・公事を払う義務があり、払う時は自己を荘園の民《たみ》として意識するが、彼らにとってあくまで生活の基盤は郷や村にあった。

しかし、文書1に「富安名内正吉入江」とあるように、鎌倉時代、正吉郷は荘園ではなく、富安名という「名《みょう》」に属していた。当時の「名」は所有する田地のまとまりを指す言葉であったが、規模や性格はまちまちで、実際には農民が経営する小規模なものから、武士のような有力者が開発し、内部に郷や村を含むほど大規模なものまであった。さらに、大規模な「名」が皇族・貴族・大寺社の所領になると、呼び方は「名」のままでも実質は荘園と変わらなくなる。

文書1は「入江塩浜絵図」制作の背景を語っている文書であるが、この中に長門二宮の僧の報告が引用され、塩田の荒廃により地代である塩十石が納められなくなったと記されている。このことは富安名の支配者が長門二宮であったことを示している。長門二宮は一宮とともに国司から多くの所領を与えられた有力な神社であり、その所領である富安名も荘園に準ずる大規模な「名」と考え

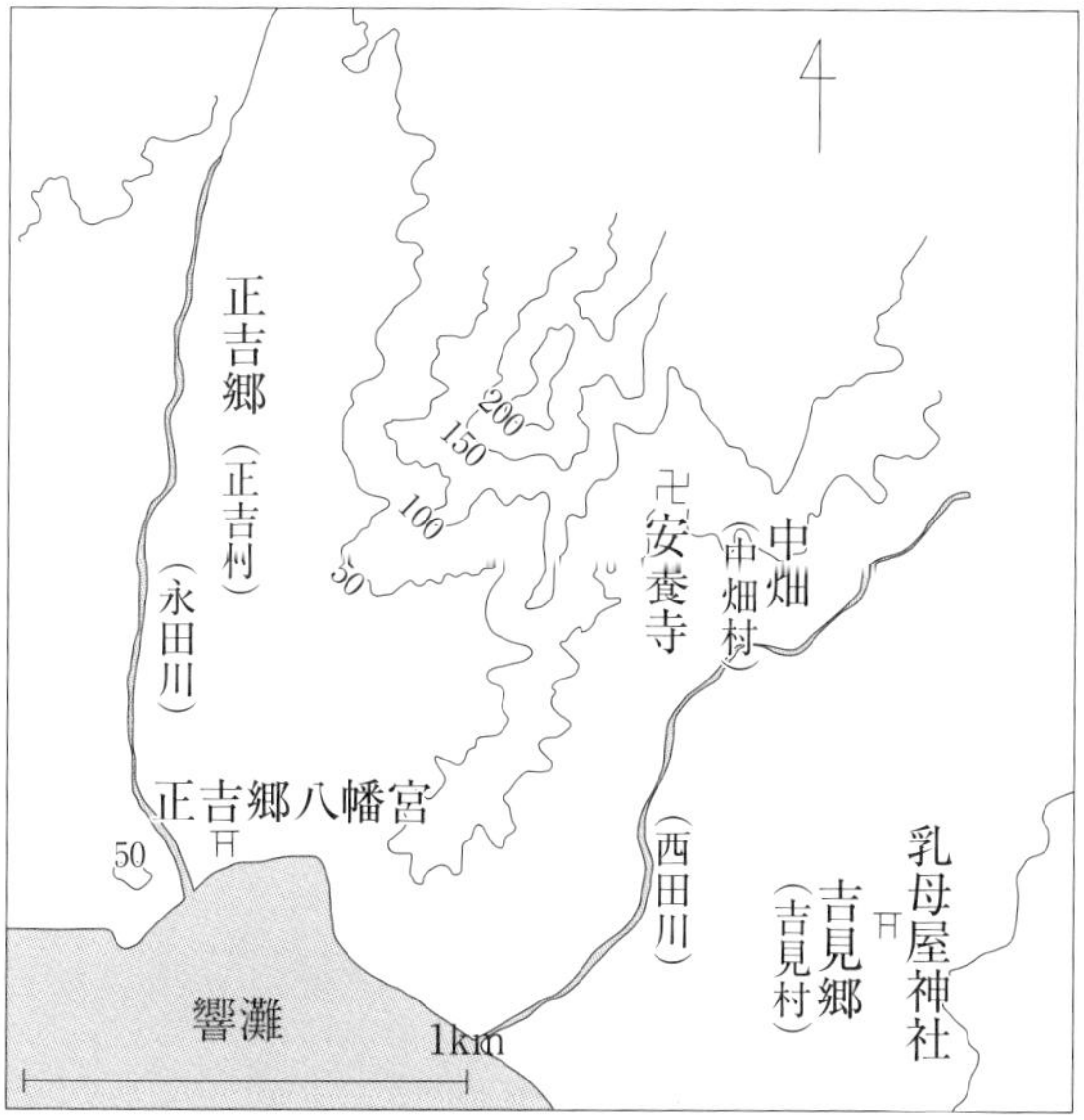

図３　正吉郷と近隣の村落概念図

注　等高線は50m間隔。海岸線は推定。河道は現在のとおり。

られる。

このように正吉郷は富安名に属していたが、その性格は荘園内にある郷と同じであった。富安名と正吉郷の包含関係を示す記述としては、ほかに弘安二年（一二七九）に「富安正吉村」（有光四）、応長二年（一三一二）に「富安正吉郷」（有光五）がある。

時代が降り、建武元年（一三三四）に正吉郷の秦弘延が安成名内に賦課された一宮の神事料米を怠納している（有光二一）。このことから、正吉郷は、南北朝時代には長門一宮領の安成名に属していたことがわかる。

なお、長門国ではほかにも荘園に准ずる「名」として、京都の大徳寺領の阿内《おうち》包光名《かねみつみょう》（下関市大字阿内）がある。

正吉郷の諸階層

では、正吉郷にはどのような村人がいたのであろうか。

先ず、その前に一般的な荘園の構成員について説明しておきたい。大山喬平氏によれば、荘園を構成する階層には①荘園領主、②在地領主、③村落領主、④名主層、⑤小百姓層がある。

①荘園領主……本家・領家と呼ばれ、皇族、貴族、大寺社がなる。

②在地領主……いわゆる武士である。上級の荘官《しょうかん》（荘園を管理する役人）である地頭や下司《げし》に任命されていた。

③村落領主……あくまで村落共同体の一員であるが、村のリーダーであり、公文《くもん》（年貢の徴収などを行う）という下級の荘官に任命されていた。村落領主は荘園領主や在地領主のような支配者層と現地との間をつなぐキーパーソンであった。村落領主のような存在は戦国時代には「地侍《じざむらい》」と呼ばれ、武士と農民の中間的な性格を持っていた。近世初頭の兵農分離政策によって、武士と農民のいずれかに振り分けられた。

④名主層……「名」を単位として農業を経営する上層農民である。名主は年貢・公事《くじ》を負担する責任者である。荘園領主や在地領主は名主だけを正式な村人として認識し、小百姓層の存在はその視野に入らなかった。そのため名主は村内で権威を持ち、小百姓層よりも優位に立つことができた。

⑤小百姓層……一応独立した経営を行う農民ではあるが、経営規模が零細で経済力が劣るため、村内で発言力が弱かった。

①〜⑤のうち、①荘園領主と②在地領主は村落の外部にいる支配者層である。③村落領主層・⑤小百姓層の三者は被支配者層であり、実際の村落の構成員である。そして、③村落領主と④名主層は基本的には同じ階層に属する上層農民である。村落共同体の中核を成し、正式な村人と言うことができる。

では、正吉郷の場合、①〜⑤の諸階層に相当するのはどのような者たちであったのか。

①荘園領主……富安名を支配する長門二宮（忌宮神社）である。

②在地領主……正吉郷にも地頭がいた。しかし、地頭が出す文書の署名は単に「地頭」と記されるだけで姓名が伴っておらず、どのような者がなっていたのかわからない。永和四年（一三七八）、正吉郷が長門一宮領安成名に属していた時代に一宮大宮司が安成名の地頭になっており（住吉一九三）、もしかすると正吉郷の支配者である一宮や二宮の神職が地頭になっていたのかもしれない。

なお、南北朝時代の康永元年（一三四二）（文書9）を最後に、「有光家文書」では地頭の存在がわからなくなる。

③村落領主……正吉郷にも公文がいたが、姓のわかる文書はない。文書9のように、地頭が「公文・百姓等」に命令を下していることから、公文は百姓を代表する役職であったと考え

られる。

④名主層……秦弘延が恒安名を充行われ（文書7）、かつ小別名を持っていたことから（文書8）、秦氏は名を経営単位とする名主層に属していたことがわかる。しかし、村内の他の名主層のことはわからない。

⑤小百姓層……「有光家文書」に見える農民たちは秦氏や有光氏を除いてその階層は判別できず、正吉郷で小百姓層の存在を見出すことはできなかった。

名主として

以上、正吉郷に関わる諸階層は不明な点が多いが、一応秦氏が名主層に属することはわかった。それでは秦氏は村内でどのような農業経営を行っていたのだろうか。

暦応四年（一三四一）に秦弘延が嫡子である武弘に譲ろうとした資産の項目（文書8）から、秦氏の経営について考えてみよう。

先ず、秦氏は当然ながら田畠を所有している。ところが、田畠は「八幡宮大宮司職・同神田畠」、「福楽寺院主職・同免田畠」というように、正吉郷にある神社や寺院に〈捧げたもの〉というかたちを取っている。おそらく秦氏は中世にはよくあるように、田畠を神社や寺院の名義にし、神仏の権威を借りて他人の横取りから田畠を守ろうとしたのだろう。

次に、「かりきやうし・山野・畠」という項目に注目したい。「山野」は農業用水の水源、肥料や燃料にする草刈り場、そして、狩り場として村人たちが共用する場所である。「山野」に何らかの権限を持っていたとすれば、秦氏は他の村人よりも優位に立つことができたであろう。「かりきやうし」については何を指すかは不明である。仮にこれを「狩行事《かりぎょうじ》」と読み、狩猟の場である山野を取り仕切る役と解釈するならば、秦氏の「山野」に対する権限はより強いものと解釈することができるだろう。

さらに、秦氏は「下人・牛馬」を抱えていた。下人《げにん》（召使い）と牛馬がひとまとめにされているように、秦氏の下人は牛馬と同様の農機具扱いであったようだ。秦氏は下人・牛馬を抱え、比較的大きな規模の農業経営を行っていたと考えられる。

残念ながら秦氏の経営の規模について、他の村人との優劣を比較することはできない。しかし、秦氏が「山野」に何らかの権限を持っていたとすれば、他の名主層から頭ひとつ抜き出た存在であったと言えるだろう。

大夫として

ここでは、荘官や名王とは異なる村内部だけの身分について取り上げたい。

中世では一般に名主層は自分たちだけでコミュニティを作り、小百姓層のような零細な農民はそこから排除されていた。そして、名主層はコミュニティの絆を維持するために宮座という組織を作っていた。宮座は主に鎮守社の祭礼を執行するためのものであったが、名主層の内輪でのみ通用する身分を決定する場でもあった。薗部寿樹氏はここで決定される身分を「村落内身分」と呼んでいる。

「村落内身分」の特徴を挙げると、先ず、宮座のメンバーになること自体が身分である。次に、宮座で座る席順が身分の序列を表す。さらに、朝廷の位階に似た名乗り（官途）を許可されることによって、有力な家であることを誇示することができるというものである。「村落内身分」の名乗りで代表的なものは「大夫《たいふ》」であり、また、「伍位」(五)というものもある。「大夫」のような名乗りは宮座のメンバーのうち、神社の修造や祭礼の費用を負担することができる、特に富裕な者だけに限られていた。

なお、平安時代以降の朝廷の官位制度では五位の官人の通称が「大夫」であったので、「大夫」と「伍位」(五)は似たようなものであるが、薗部氏は特に「伍位」(五)は神職に与えられる傾向があると述べている。

正吉郷ではどうであったかと言うと、秦氏も「村落内身分」を持っていた。

承久三年（一二二一）、泰弘安は地頭によって「大宮司大夫職」に任命されるとともに、「無官之輩《ともがら》」を越えて「座」に着くように命じられている（文書５）。「無官之輩」というのは「官のない者たち」という意味である。ここで言う「官」とは朝廷の位階に似た名乗り（官途）のことであるから、「無官之輩」とは名乗りを持たない下位の宮座メンバーを指す。村の身分は祭礼の際の「座」（席順）によって序列が決まるので、文書５の「座」は宮座内の序列を意味していると考えられる。

文書5から、秦氏の「村落内身分」は「大夫」であり、名乗りを持たない者よりも上位であること、さらに「大宮司」を兼ねる「大宮司大夫」というかたちになっていたことがわかる。また、文永五年（一二六八）には秦弘重が地頭から「伍位職《ごいしき》」に任命されている（文書6）。まさにこの名乗りは神主に補任されるという傾向に当てはまる。

さて、薗部氏によれば、中世の村人が「大夫」を名乗る初見は文永四年（一二六七）の「十津川十八郷庄司等起請文案」（『高野山文書』宝簡集四八）であり、十津川郷の山民等の中に「藤大夫」、「押領次大夫」、「藤平大夫」、「大屋大夫」という人名が見える。しかし、正吉郷の「大宮司大夫」（文書5）は十津川の事例より四十六年も早い。そうすると、村人の「大夫」の初見は承久三年（一二二一）まで遡ることになる。

大宮司として

秦氏は農民の階層としては名主に属し、「村落内身分」としては「大夫」であった。その上、秦氏は正吉郷八幡宮の「大宮司」という身分を合わせ持っている。正吉郷八幡宮の大宮司であることの意義は何であろうか。

正吉郷八幡宮は正吉郷の鎮守社であった。中世の村の鎮守社は祭礼が行われるとともに宮座が開かれる場である。

文書9によれば、康永元年（一三四二）、地頭は秦氏に大宮司の屋敷地を与えた際、正吉郷八幡宮の祭神に対し「八幡大菩薩は日域累世の曩祖、百皇守護本誓、朝家無双の霊神なり」と述べ、日本と天皇家を守護する神であると讃えている。あわせて地頭は大宮司の任務を「天長地久御祈禱の精誠を致すべきなり」と言い、天地の永久を祈禱することだと定めている。そうすると、大宮司の任務は八幡神の力を借りて正吉郷の平和を維持することであったと言える。

暦応三年（一三四〇）の「秦弘延置文」（有光二四）によれば、「しけひろ《（重弘）》」の嫡子は弘延《（信）》であり、暦応四年（一三四一）の文書8によれば弘信《（延）》の「一子」は武弘である。このように鎌倉末期から南北朝初期にかけて、秦氏は、〈重弘—弘延《（信）》—武弘〉という継承順で大宮司職を世襲していたことがわかる。正吉郷では特定の一族が「村落内身分」を決定する重要な場所（鎮守社）を管理していたのである。

秦氏という一族は村落共同体にとって重要な大宮司の任務を果たすことによって地頭の村落支配を支えており、地頭はその見返りとして秦氏に対し神職を世襲することを認めていたのではないだろうか。地頭は村の共同体の管理を秦氏に委ね、村の外に居ながらにして正吉郷の支配を安定させていたのであろう。

以上から、秦氏は名主層の共同体の一員でありながら、村の鎮守社の神職という宗教的な面で力を発揮して地頭の村落支配の末端を担い、支配者層と現地を結ぶ役割を果たしていたと考えられる。

中世の村には一般的に支配者層と被支配者層をつなぐ村落領主のようなキーパーソンがいたが、

「大宮司」秦氏の場合は世俗面の地位だけではなく、大宮司という宗教的な面でもキーパーソンであったのではないだろうか。

〈参考文献〉

大山喬平「荘園制と領主制」（『日本中世農村史の研究』岩波書店、一九七八年）。
大山喬平『日本中世のムラと神々』（岩波書店、二〇一二年）第三章―三・四。
薗部寿樹『日本中世村落内身分の研究』（校倉書房、二〇〇二年）第三章「中世後期村落における乙名・村人身分」。

第三章　人身売買

「有光家文書」には人を売る文書が含まれている。しかし、買った人間は売られた者の逃亡を恐れていた。それは奴隷状態にある者が逃げ込める特別な場所（アジール）があったからである。

　当時の人身売買はどのように行われたのだろうか。また、アジールとはどのような場所だったのだろうか。

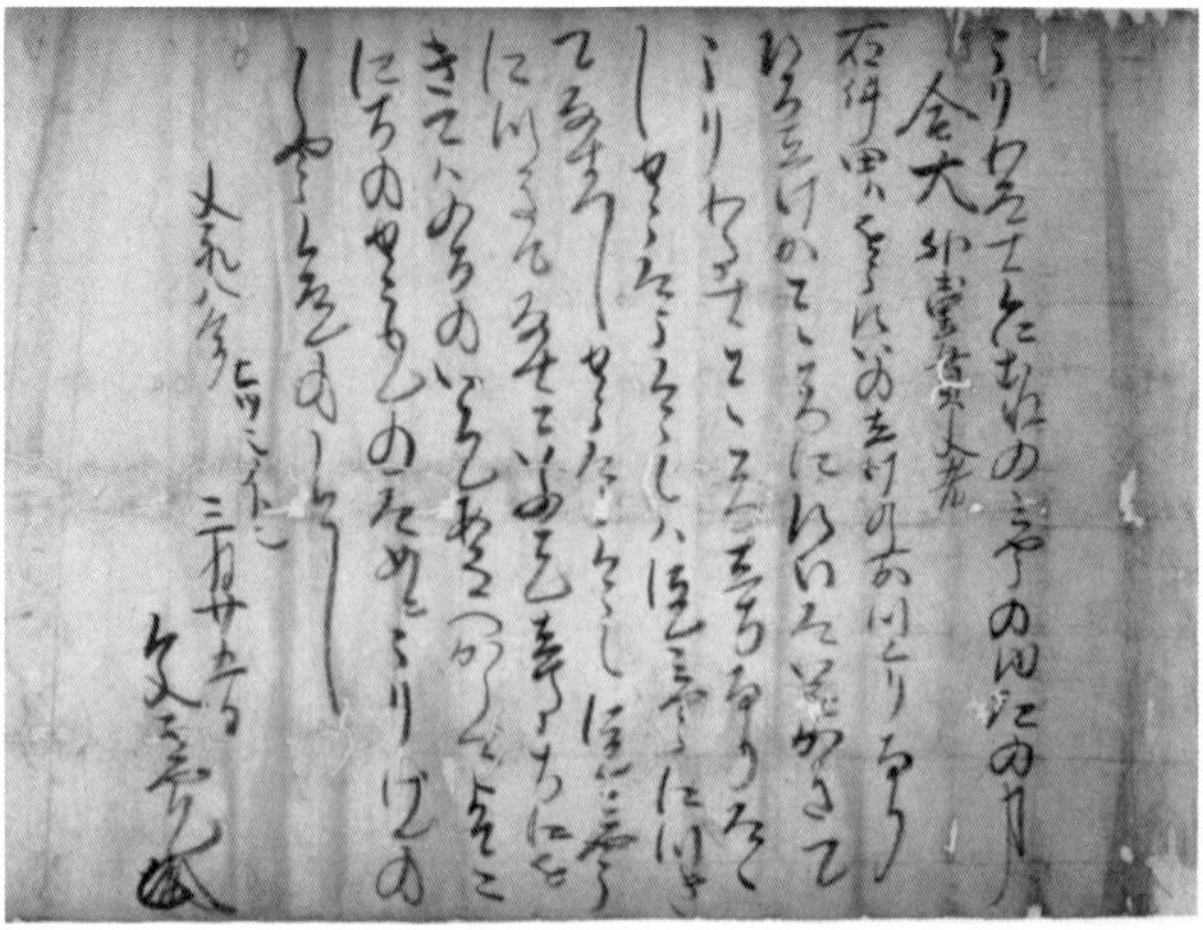

文書10　公文きやくん売券（有光一二）

うりわたす《売渡》くにむねのミやう《名》の内た《田》の事

合大　代壱貫文者

右件田ハ、をうえい《大江カ》のしけのふかつくり《作》なり、

ひろしけ《弘重》かところに、えいたい《永代》をかきり《限》て

うりわたす《売渡》ところしち《実》なり、たゝ

し、せうたう《所当》くうし《公事》ハ、ほんミやう《本名》につき

てなすへし、せうたうくうしほんミやう

につきてなすといふとん、しんたち《下地》にを

きてハ、のちのいらん《違乱》あるへからす、よてこ《後》

にち《日》のせうもん《証文》のため二うりけん《売券》の

しやう《状》くたん《如件》のことし、

文永八年《ヒツシノトシ》　三月廿五日

公文きやくん（花押）

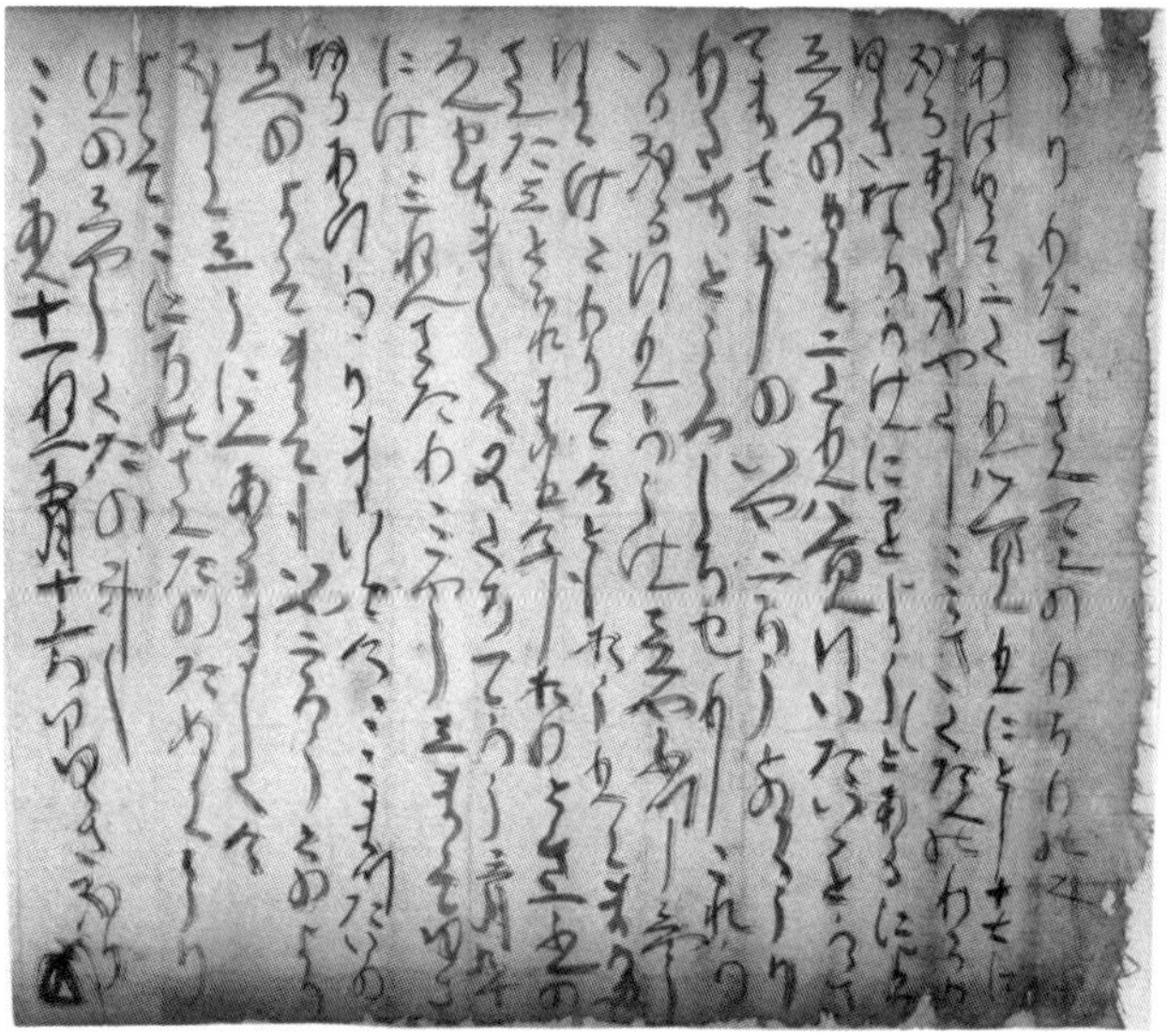

文書11　**ゆきなり売券**（有光一四）

うりわたす《売渡》さんてんのわらわ《童》の事
あはせて《合》二くわん《貫》八百文もん《衍》に、とし《歳》十七に
なるあたな《字》やくし《薬師》、ミき《右》くたん《件》のわらわ、
ゆきなりかけん《下人》にをよう〳〵《要用》とあるによて、
しろ《代》のせに《銭》二くわん《貫》八百文、えいたい《永代》をかき《限》
て、まさよし《正吉》のいや二らうとの《弥二郎殿》に、うり
わたすところしち《実》也、もしこれか
いかなるけもんかうけん《権門・高家》・しんや《神社カ》・ふつし《仏寺》・しやう《荘》
えにけこもり《逃籠》て候とも、そうもん《証文》にまかせ《任》て、
さんた《沙汰》しとられ《取》まいらせ候へし、そのとき一ふんの
ろん《論》申すましく候、又くろてかう三月九十
にけミねんさたわミやうしまうて、ゆき
なりあひかゝりまいらせ候、ここまつたい《後々末代》の
すへ《末》のよ《世》うてまうても、いや二ろうとのより
ほかにしうにん《主人》あるましく候、
ようてこにち《後日》のさんた《沙汰》のために、うり
けん《売券》のしやう《状》くた《件》の《如》事し、
こうあん《弘安》十一ねん《年》五月十六日　ゆきなり（花押）

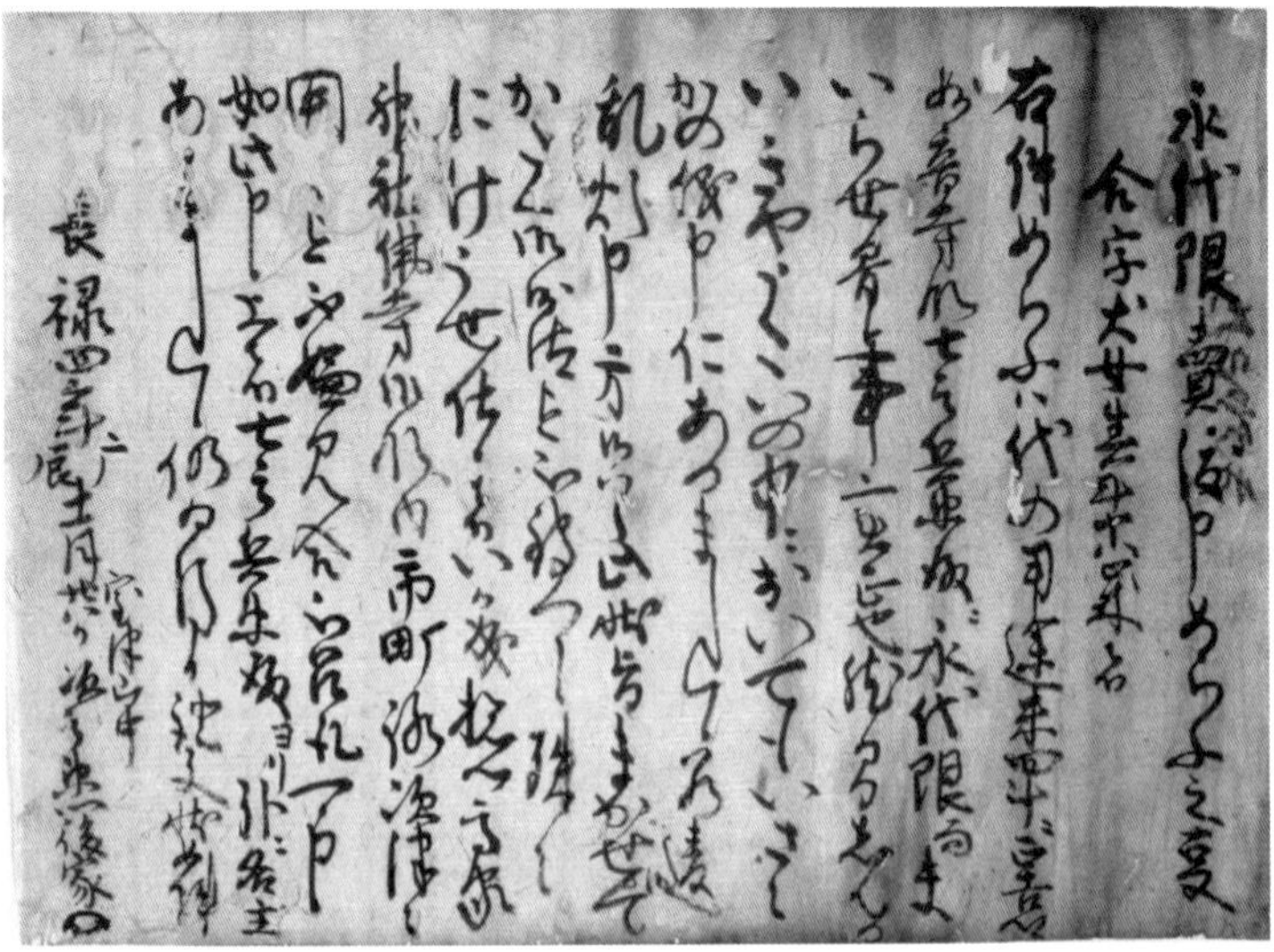

文書12　次郎衛門後家売券（有光五四）

（端裏書）「犬御前状」

永代限売渡申めらふ（女郎）之事

　合字犬女生年十八歳者

右件めらふハ、代の用途米四斗ニ正吉郷
妙音寺領七郎兵衛殿ニ永代限而ま
いらせ置候事実正也、然間、しんる（親類）
い・きやうたい（兄弟）の中ニおいても、いさゝ
かの儀申仁あるましく候、若違
乱煩申方候ハゝ、此状旨まかせ〇《候》て、
かたく御沙汰を被レ致へく候、殊は
にけうせ（逃失）仕候者、いか成権門・高家・
神社・仏寺御領内、市町・路次・津々
関□（々カ）を不レ嫌、見合被ニ召取一可レ申候、
如レ此申候上者、七郎兵衛殿ヨリ外ニ名主
あるましく候、仍為ニ後日一証文状如レ件

長禄四年庚辰十一月廿八日　室津山中 次郎衛門後家（略押）

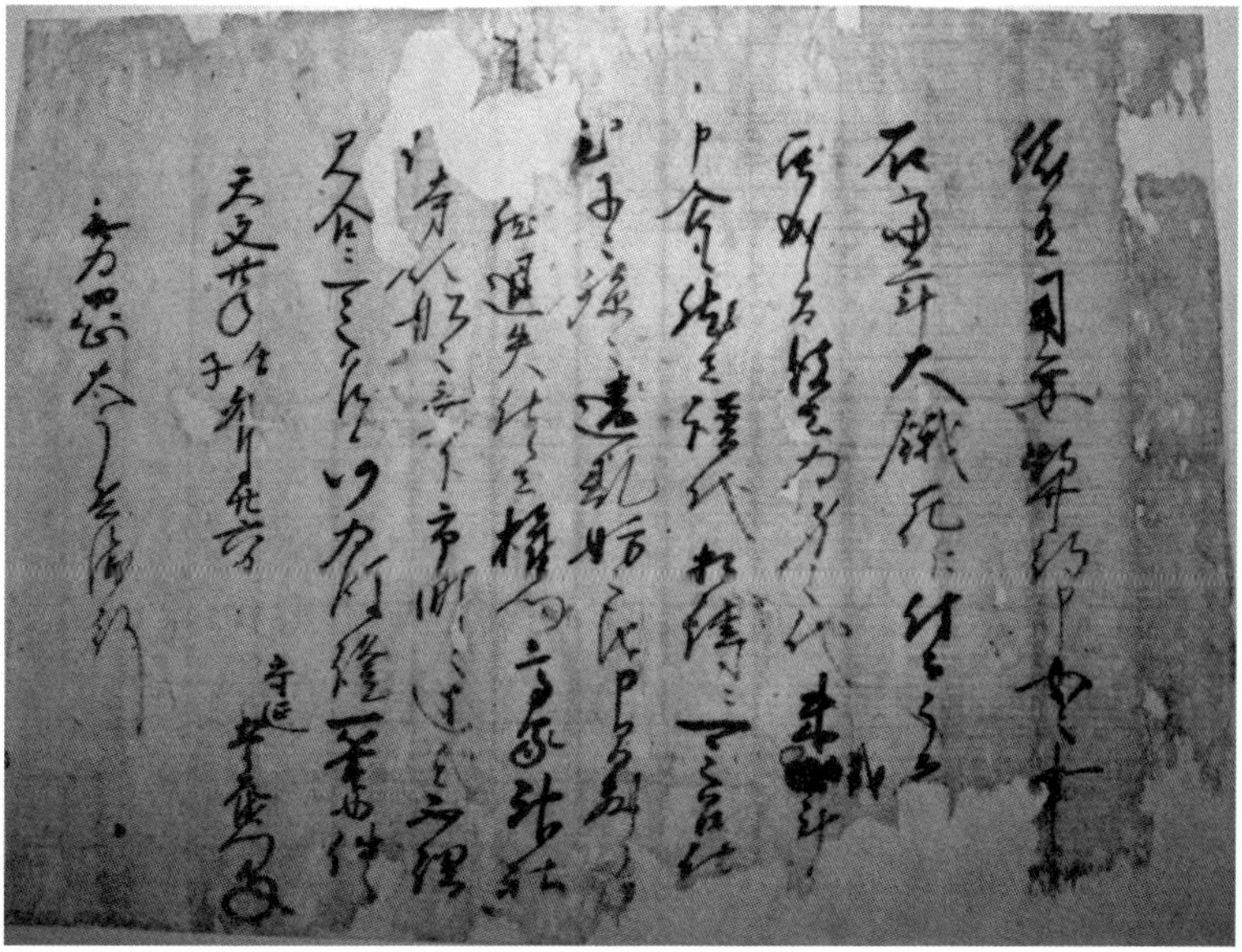

文書13　守延五郎左衛門契約状（徳蓮寺七）

（端裏書）
「守延□」

依レ有二用要一契約申女之事
右当年大餓死仁付而、うゑ（餓）□
罷成候間、彼者為二身之代一米■（弐）斗
申合候、然者譜代相伝ニ可レ被二召仕一□、
至二子々孫々一違乱妨之儀申間敷候、
（自）□然退失仕候者、権門・高家・神社・
（仏）□寺領・船之乗下・市町之辻を不レ謂、
見合ニ可レ被レ召候、仍為二後証一一筆如レ件、
天文廿年壬〔辛〕子〔亥〕卯月廿六日　守延五郎左衛門（略押）

無為岡太郎兵衛殿

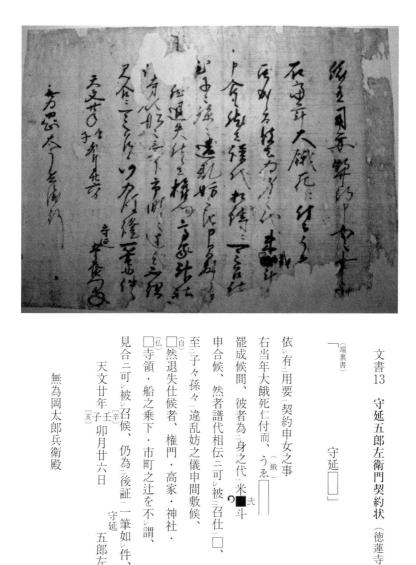

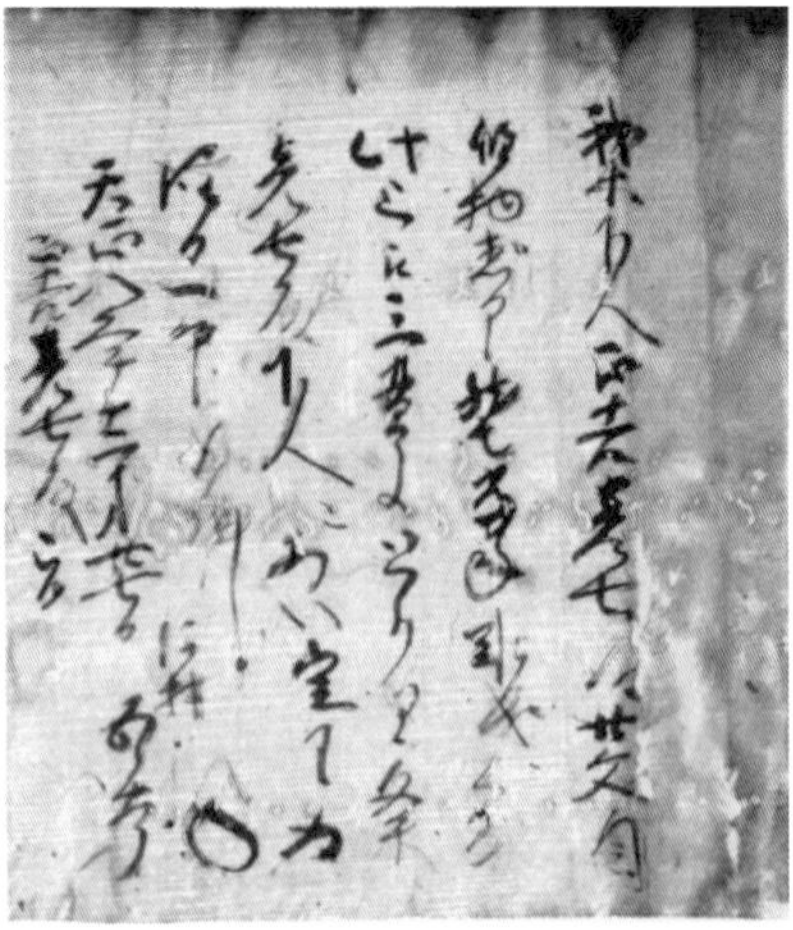

文書14　河村五郎大郎下人流状（有光八一）

我等下人、正吉彦七殿廿文目
質物置申候、然者当年難義候間、
此上江三貫文とり申候条、
彦七殿下人ニあい（相）定申候、為ニ
後日ニ一筆如レ件、

天正八年十二月廿七日　河村 五郎大郎（略押）

正吉彦七殿まいる

2　読み下し文

文書10　公文きやくん売券

売渡すくにむねの名の内田の事

合せて大　代壱貫文は

右くだんの田は、大江のしげのぶが作りなり、弘重がところに、永代を限りて売り渡すところ実なり、ただし、所当・公事は、本名につきてなすべし、所当・公事、本名につきてなすとい
ふとん、下地におきては、後の違乱あるべからず、よって後日の証文のために売券の状、くだんのごとし、

文永八年（一二七一）未《ひつじ》の歳　三月廿五日

公文きやくん（花押）

文書11　ゆきなり売券

売り渡す散田の童の事

合わせて二貫八百文に、歳十七になる字《あざな》薬師、

右くだんの童《わらわ》、ゆきなりが下人を要用とあるによって、代の銭二貫八百文、永代を限って、正吉の弥二郎殿に、売り渡すところ実なり、もしこれがいかなる権門・高家・神社・仏寺・荘へ逃げ籠りて候とも、証文にまかせて、沙汰し取られまいらせ候べし、そのとき一ぶん（分）の論申すまじく候、又くろてかう三月九十にけミねんさたはミやうしまうて、ゆきなりあひかかりまいらせ候、後々末代の末の世でまでも、弥二郎殿よりほかに主人あるまじく候、よって後日の沙汰のために、売券の状くだんのごとし、

弘安十一年（一二八八）五月十六日　ゆきなり（花押）

文書12　次郎衛門後家売券

（端裏書）「犬御前状」

永代を限り売り渡し申す女郎の事

合せて字《あざな》犬女、生年十八歳は

右くだんの女郎は、代の用途米四斗に正吉郷妙音寺領七郎兵衛殿に、永代を限ってまいらせ置き候事、実正なり、しかるあいだ、親類・兄弟の中においても、いささかの儀申す仁あるまじく候、もし違乱わずらい申す方候わば、この状の旨にまかせ候て、かたく御沙汰を致さるべく候、ことには逃げ失せつかまつり候わば、いかなる権門・高家・神社・仏寺御領内、市町・路次・津々・関々を嫌わず、見合に召し取られ申すべく候、かくのごとく申し候上は、七郎兵衛殿よりほかに名主あるまじく候、よって後日のため証文の状くだんのごとし

（一四六〇）長禄四年庚辰《かのえたつ》　十一月二十八日

室津《むろつ》山中　次郎衛門後家（略押）

文書13　守延五郎左衛門契約状

（端裏書）「守延□」

用要あるにより契約し申す女《むすめ》の事

右当年大餓死につきて、餓え□まかりなり候間、彼の者身の代として米弐斗申し合わせ候、しからば譜代相伝に召し仕わるべし、子々孫々に至り違乱妨げの儀申すまじく候、自然退失つかまつり候わば、権門・高家・神社・仏寺領・船の乗り下り・市町の辻をいわず、見合いに召さるべく候、よって後証のため一筆くだんのごとし、

（一五五一）天文廿年辛亥《かのとい》（四）卯月廿六日

守延五郎左衛門（略押）

無為岡太郎兵衛殿

文書14　河村五郎大郎下人流状

我等下人、正吉彦七殿廿文目質物に置き申し候、しからば当年難義候間、この上へ三貫文取り申し候条、彦七殿下人にあい定め申し候、後日の為一筆くだんのごとし、

天正八年（一五八〇）十二月廿七日　河村五郎大郎（略押）

正吉彦七殿まいる

3　現代語訳

文書10　公文きやくん売券

売渡すくにむねの名の内田のこと。

面積は「大」（一反の三分の二）、代価は壱貫文。

この田は、大江のしげのふの耕作地である。弘重の所に、たしかに永代を限って売渡す。ただし、所当・公事は、本名について納めること。所当・公事は本名について納めるといえども、下地においては、後の違乱あるべからず。よって後日の証文の為に売券の状くだんのごとし。

文永八年（一二七一）未《ひつじ》の歳　三月二十五日

公文きやくん（花押）

文書11　ゆきなり童売券

売り渡す散田の童のこと。

代価二貫八百文で、歳十七になる薬師という名の童でゆきなりの下人を、必要が生じたので、永代を限り正吉の弥二郎殿に売り渡す。もしこの童が、いかなる権門・高家・神社・仏寺・荘園へ逃げ籠もったとしても、証文に従い、裁判のうえ取り戻すことができる。その時少しの文句も言いはしない。（途中意味がわからない箇所がある）後の世まで弥二郎殿のほかに主人はいないのだ。よって後日の沙汰の為に、売券の状くだんのごとし。

弘安十一年《一二八八》五月十六日　ゆきなり（花押）

〈語注〉

＊散田　もとは荘園領主の直営地の意味であったが、ここではそうではないようである。上層農民が抱えている耕地を小作に出すのとは別に、直営地を下人に耕作させている状況を「散田」と表現しているのではないだろうか。

文書12　次郎衛門後家売券

（端裏書）「犬御前状」

永代を限り売り渡し申す女郎の事

合せて字犬女、生年十八歳は

この女郎は、代価の米四斗で、正吉郷妙音寺領の七郎兵衛殿に永代売り渡す。親類・兄弟の中にいささかであっても文句を言う者があってはならない。もし違乱・煩いを申す者があった場合は、この状の旨に従い、きつく処罰されるだろう。特に、この女郎が逃げ失せたなら、いかなる権門・高家・神社・仏寺の領内、市町・路次・津々・関々を区別することなく、見つけ次第召し取られるべきである。このように言うからには、七郎兵衛殿のほかに主人があってはならない。よって後日の為証文の状くだんのごとし

長禄四年（一四六〇）庚辰《かのえたつ》　十一月廿八日

室津山中　次郎衛門後家（略押）

〈語注〉

＊犬御前　端裏書に記されたこの名前は、女郎として売られる犬女の別名と考えられる。

＊女郎　「めろう」と読む。いわゆる遊女である女郎《じょろう》とは異なり、女性の召使いのことである。

＊名主　この場合は下人の主人という意味であろう。

＊室津　現在の下関市豊浦町大字室津上・室津下（図２）。

文書13　守延五郎左衛門契約状

（端裏書）「守延□」

必要が生じたので契約する娘のこと。

当年は大飢饉になった。餓えにより、この者の身の代として米弐斗（を借りることを）申し合わせた。したがって、（返済できない場合は）譜代相伝に召し仕ってよい。子々孫々に至るまで違乱妨げがないように。もし逃亡した場合は、権門・高家・神社・仏寺領・船の乗り下りをする所・市町の辻をいわず、見つけ次第取り戻すことができる。よって後証の為一筆くだんのごとし。

天文廿年（一五五一）辛亥《かのとい》卯月（四）廿六日

守延五郎左衛門（略押）

無為岡太郎兵衛殿

〈語注〉

＊徳蓮寺　下関市豊北町（旧豊北町）大字角島《つのしま》（図2）にある浄土真宗の寺院である。伝来する中世文書は下関市立豊北歴史民俗資料館太翔館に保管されている。

＊譜代相伝　子孫が主人に代々仕えること。

＊無為岡　現在の角島の字名には見えないが、徳蓮寺の山号は「無為山」なので、徳蓮寺のある場所が中世に「無為岡《むいのおか》」と呼ばれていたと考えられる。応永三年（一三九六）正月一一日「上座名畠坪付案」（徳蓮寺五六八）には、上座名の畠坪付《つぼつけ》（所在地の地名）として「ムイノヲカノエキ《（浴）》」という地名が記されている。「浴《えき》」は山口県特有の地名の呼称で、谷間の小さな平地を意味する。

なお、現在の角島の地名については、『島の民俗誌―角島民俗調査報告書―』（豊北町歴史民俗資料館、二〇〇二年）を、「浴」の語意については、石川卓美『防長歴史用語辞典』（マツノ書店、一九八六年）を参照した。

文書14　河村五郎大郎下人流状

我等の下人を正吉彦七殿へ代価二十文で質に入れ置いた。しかしながら、当年は困窮しているので、この上に三貫文を取る代わりに、彦七殿の下人として流す。後日の為一筆くだんのごとし。

天正八年《（一五八〇）》十二月廿七日　河村五郎大郎（略押）

　正吉彦七殿まいる

〈語注〉

＊我等《われら》　中世では複数ではなく、「我」という意味である。

4　解説

人を売るということ

文書11～文書14は人を売る証文である。中世では人身売買は盛んであり、多くの証文が伝来している。とはいえ、時の政権がこれを認めていたわけではない。

鎌倉幕府は身売りを禁止していた。寛喜三年（一二三一）の飢饉の際は眷属、下人等を売って食料を得ることをいったん容認したが、幕府は再び人身売買を禁止するようになった。室町幕府は人身売買に関して特に法令を出した様子は窺えないが、地方の大名の中には人身売買を認める者もあった。実際は、中世を通じて民間では人身売買が慣行となっていた。

人身売買の証文を見てみると、売られる対象は主として下人である。下人は武士や農民が抱えていた奴隷的な召使いである。中世の村には小百姓層のような零細な農民がいたが、下人は自由を奪われている点で小百姓層と大きく異なっている。「有光家文書」に見える下人は、「散田の童」（文書11）、「女郎《めろう》」（文書12）、「下人《げにん》」（文書14）というように、同じ境遇にあっても呼び方は一定していない。また、下人の売り方に注目すると、最初から売却する場合（文書11・文書12）と質入れした後返済の目処が立たなくなって流す場合とがある（文書14）。

なお、「有光家文書」には次の章で紹介する「ツシノ次郎衛門借状案」（文書17）という自分の子どもを質入れする文書もある。これは親が十五歳の子どもを担保にして米を借り、返済できない場合は子どもを進上するという内容であり、質流れによって下人になる事態が想定されている。また、正吉郷から二〇キロメートルほど離れた角島《つのしま》には「守延五郎左衛門契約状」（文書13）が伝来しており、その内容は飢饉で餓えをしのぐため、自分の娘を米二斗で質に入れるというものである。この文書でも、返済できない場合は下人として召し使うことが定められている。

さて、文書12は下人の売券であるが、文中に親類・兄弟の中にいささかの文句を言う者があってはならないという担保文言があることに注目したい。「有光家文書」に見られる下人たちは、文書8に「下人・牛馬」とあるように、家畜のように売買されても仕方がない境遇であった。これに対し農民の家族が売られた場合、その身売りについて親類・兄弟が文句を言うことはあり得る。文書12の場合、売られようとする下人は元は自由な農民であり、家に代々仕えている譜代《ふだい》の下人と異なり、親類が身柄を取り戻そうとする可能性があったのではないだろうか。文書12はおそらく元は飢饉などの事情により親が養育できずに子どもを手放したケースであろう。

童と下人

中世では一般的に十五歳以上が成人とされたが、文書11では下人の薬師が十七歳であるにも関わらず「童《わらわ》」と呼ばれている。どうしてこのような呼び方がされているのだろうか。

黒田日出男氏は、「下人」は「童」と同様、人に養われている存在であることから、一人前の「人」とみなされなかったと述べている。それゆえ、下人の薬師はたとえ十五歳以上であっても、大人とはみなされず、「童」と呼ばれていたのである。

下人が「人」扱いされていないことは売券の書式にも反映されている。本章に掲げた一連の人身売買の証文（文書11〜14）を田地の売券（文書10）と比較してみると、書式の点でとても似通っている。水上一久氏は、下人は主人から「一箇の人格」ではなく、「田の付随物」とみなされていたと述べている。また、文書8に「下人・牛馬」とあるように、秦氏にとって「下人」は家畜並みの所有物であった。中世の下人はヒトではなくモノ扱いされていたので、人身売買の証文と田地の売券の書式が似通っていたのである。

アジール

ヒト扱いされていなかった下人たちであるが、我慢の限界に達した場合、逃げ込めば解放されると信じられた場所があった。

古代・中世のヨーロッパにも、罪人や奴隷などが寺院や神の宿る聖地に逃げ込む慣習があり、このような〈逃げ込めば解放される特殊な場所〉はアジール（Asyl）と呼ばれている。平泉《ひらいずみ》澄《きよし》氏は日本のアジールについて、殺生禁断と守護不入の特権とが結び付いて発生し、社会の未開性から生じる慣習なので、日欧いずれの社会でも中世を過ぎて国家権力が強くなると廃れると説明している。実際戦国大名はアジールを禁止し、近世になるとアジールはわずかに「縁切り寺」などに残された。

また、網野善彦氏はアジールの範疇を広げ、神仏に関わる聖所にとどまらず、楽市・楽座、市《いち》や宿《しゅく》、関《せき》・渡《わたし》・津《つ》・泊《とまり》という公共の場所もアジールとみなした。そして、これらは公界《くがい》と呼ばれ、領主に支配されない自由と平和（「無縁」の原理）がある場所だと主張した。文書11～文書13に見える権門・高家・神社・仏寺の領内、市町・路次・津々・関々という場所はまさにアジールと言えよう。

しかし、買い手の側に立つと、下人の逃亡が心配になるので、損にならないように下人の売券に担保文言が付された。そのため文書11～文書13には、「下人が権門や寺社領内、津や関のような交通の要衝に逃げ込もうとも、その身柄を取り戻すことができる」と明記されているのである。

しかし、これらの売券はあくまで売買する当事者間に交わされたものであり、公権力がその内容を保証していたわけではない。そのため、いわゆるアジールに限らず、下人がどこかに逃げ込んだら買い手が自力で取り戻すのはなかなかやっかいだったと思われる。

〈参考文献〉


網野善彦『無縁・公界・楽』（平凡社、一九七八年）。

黒田日出男『境界の中世　象徴の中世』（東京大学出版会、一九八六年）Ⅸ「「人」・「僧侶」・「童」・「非人」」及びⅩ「「童」と「翁」―日本中世の老人と子どもをめぐって―」。

夏目琢史『アジールの日本史』（同成社、二〇〇九年）。

平泉　澄『中世における社寺と社会との関係』（至文堂、一九二六年）第三章「社会組織」。

水上一久「中世における人身売買」（『中世の荘園と社会』吉川弘文館、一九六九年）。

渡邊大門『人身売買・奴隷・拉致の日本史』（柏書房、二〇一四年）。

第四章　徳政

「有光家文書」には、「徳政」で買い手に損をさせないための特別な文言を付した証文が含まれている。

「徳政」とはどういうものなのだろうか。そして、正吉郷の村人は「徳政」にどう向き合ったのだろうか。

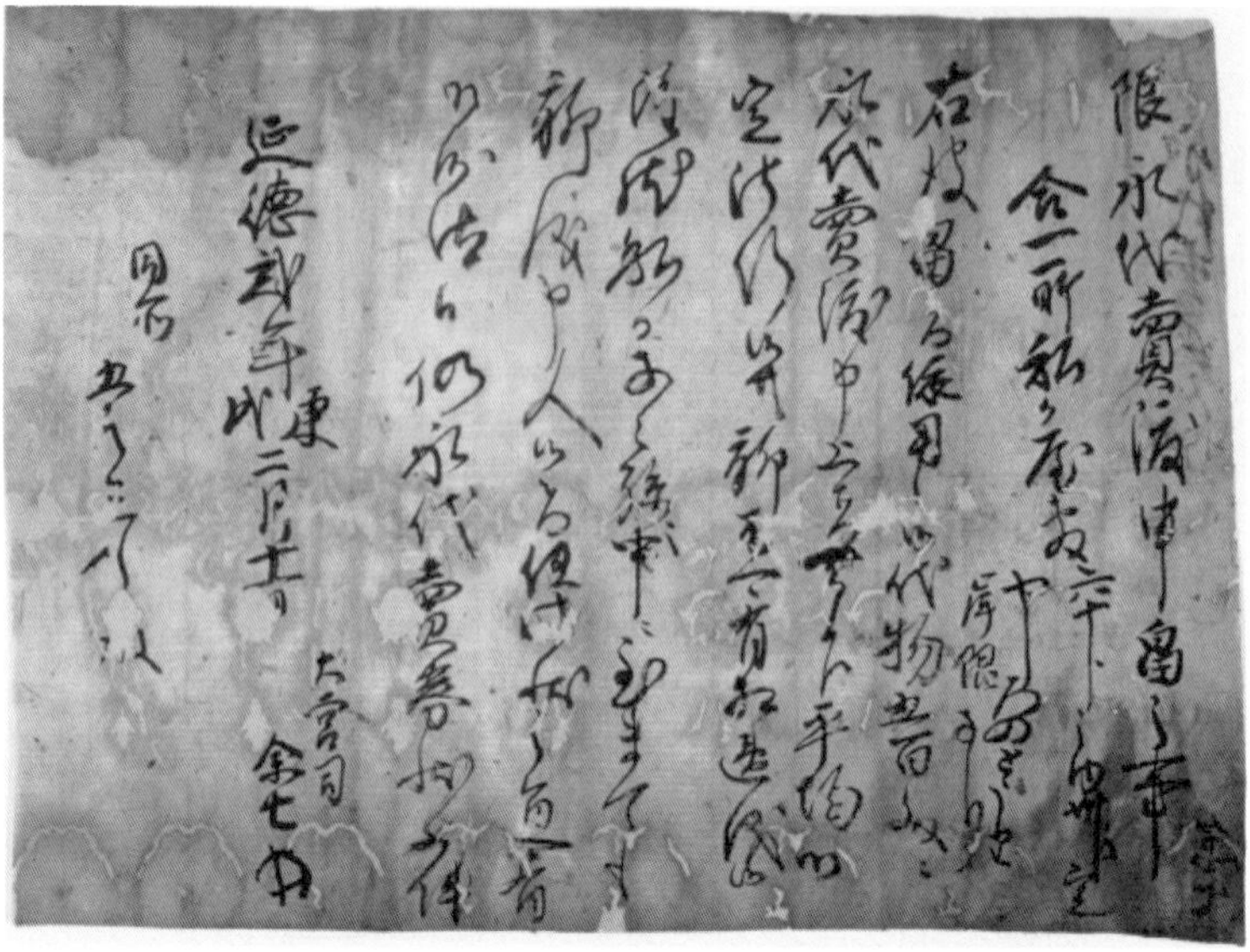

文書15　大宮司余七売券（有光五八）

（端裏書）「永代売券状　余七」

限二永代一売渡申畠之事

合一所私ケ屋敷六十歩之内卅歩定 やしろのとうり 岸限なり

右彼畠は、依二用々候一、代物五百文二
永代売渡申上者、天下平均御
定法行候共、聊不レ可レ有二相違儀一候、
雖レ然私か子々孫《々中》之二至までも、
聊儀申人候は、任二此状之旨一、可レ有二
御沙汰一候、仍永代売券状如レ件、

延徳弐年庚戌二月十一日　大宮司 余七（花押）

同所 五郎三郎殿

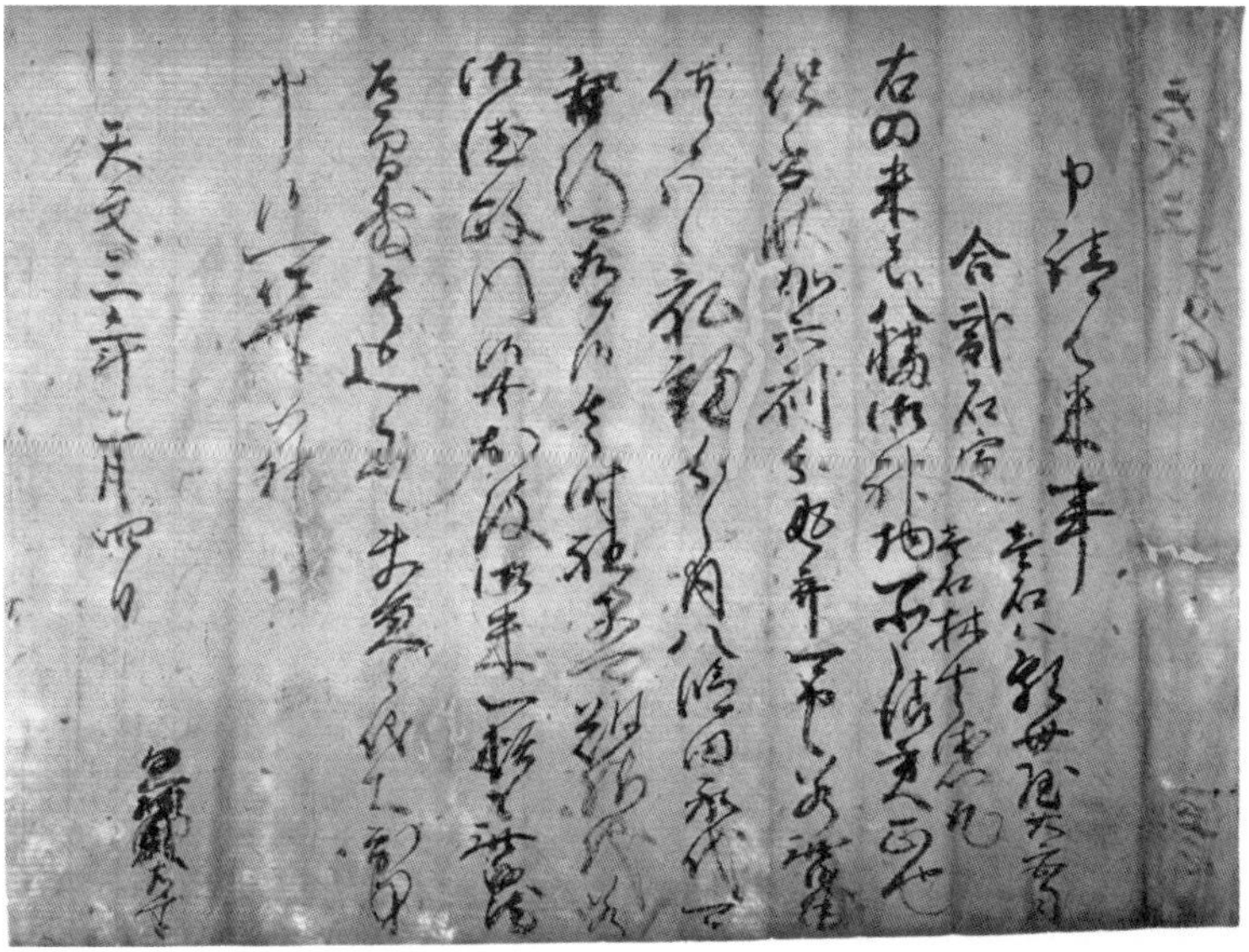

文書16　**兼範借状案**（有光六四）

（端裏書）
「天文三
二石状
正吉」

申請御米事

合弐石定　壱石ハ乳母屋大宮司
　　　　　壱石林七郎衛門允

右為レ米者、八幡御神物所ニ申請一実正也、
但当秋加二六利分一返弁可レ申候、若無沙汰
仕候ハヽ、私抱分之内八段田、永代可二知
■行一可レ有候、其時聊不レ可二難渋一儀、若
御徳政行候共、於二彼御米一一粒も無沙汰
有間敷、其□（難読箇所）之儀等□（難読箇所）
申候、一筆如レ件、

天文三年二月四日　　兼範　有半（判）

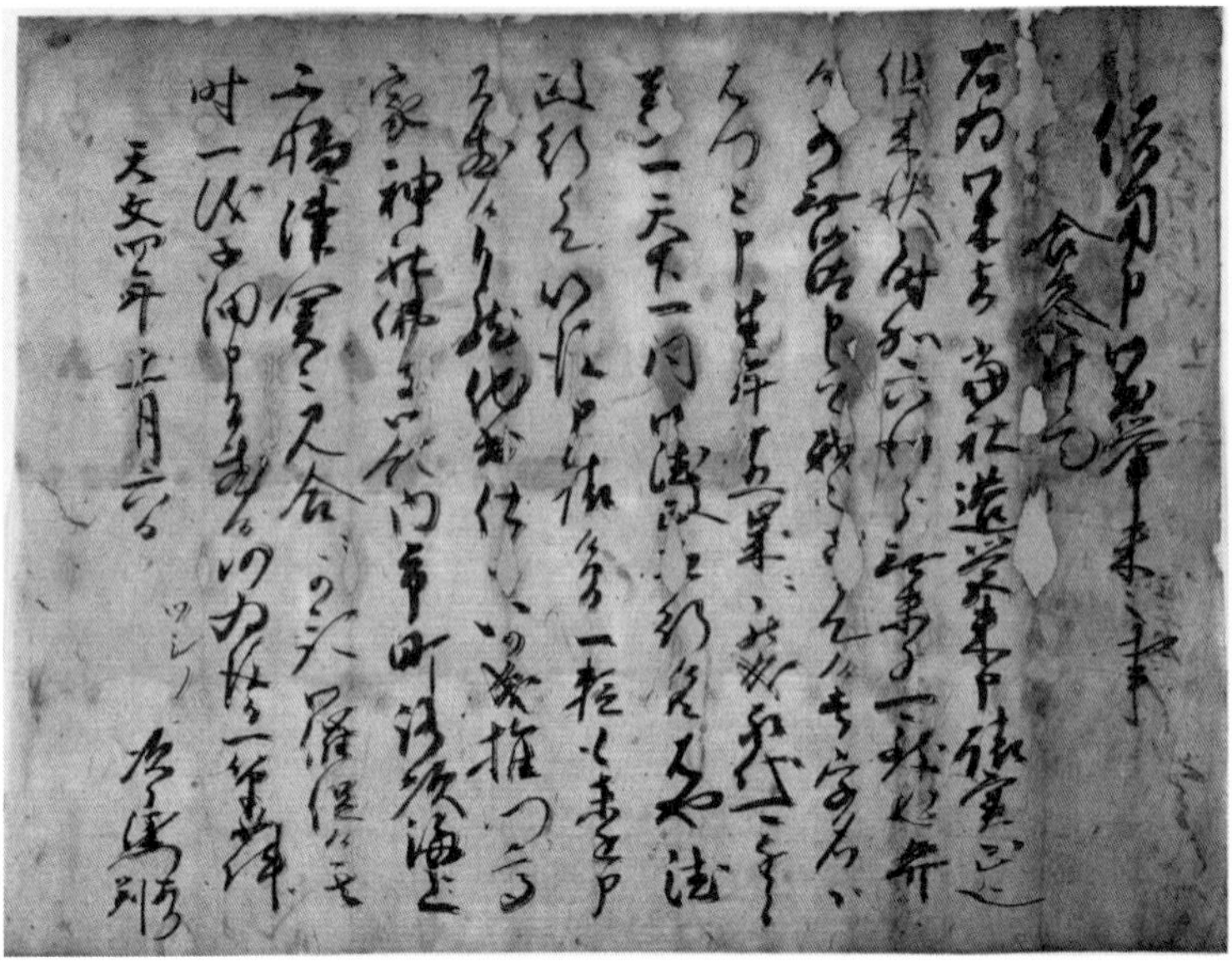

文書17　ツシノ次郎衛門借状案（有光六六五）

（端裏書）
「米参斗借状 天文四 十一　六　正吉郷ツシノ 二郎衛門」

借用申御出挙米之事

合参斗定

右為ニ御米一者、当社造営米申請実正也、
但来秋之時、加ニ六利分一無ニ未進一可レ致ニ返弁一
候、若無沙汰申候ハヽ、我々□（子）ニて候者字名ハ
はつと申、生年十五歳ニ罷成、永代可レ進レ之、
万一天下一同御徳政□行候共、はや徳
政行候て以後申請候間、一粒も未進申
間敷候、自然他出仕候□、いか成権門高
家・神社・仏寺御領内、市町・路次・海上
不レ嫌ニ津・関々一、見合ニ可レ預ニ御催促一候、其
時、一儀子細申間敷候、仍為ニ後日一一筆如レ件

天文四年十一月六日　ツシノ 次郎衛門 判あり

2　読み下し文

文書15　大宮司余七売券

（端裏書）
「永代売券状　余七」

永代を限り売り渡し申す畠の事

合せて一所、私が屋敷　六十歩の内三十歩定め、社の通り、岸限りなり

右彼の畠は、用々候によって、代物五百文に永代売り渡し申す上は、天下平均御定法行き候とも、いささかも相違の儀あるべからず候、しかりといえども、私が子々孫々中に至るまでも、いささかの儀申す人候わば、この状の旨にまかせ、御沙汰あるべく候、よって永代売券の状くだんのごとし、

（一四九〇）
延徳弐年庚戌《かのえいぬ》二月十一日

大宮司余七（花押）

同所五郎三郎殿

文書16　兼範借状案

（端裏書）
「天文三
二石状　正吉」

申し請う御米の事

合せて弐石定む、壱石は乳母屋大宮司、

壱石は林七郎衛門允、

右の米たるは、八幡御神物に申し請う所実正なり、ただし、当秋六利分を加え、返弁申すべく候、もし無沙汰つかまつり候わば、私抱分の内八段田、永代に知行すべくあるべく候、その時いささかも難渋すべからざるの儀、もし御徳政行き候とも、かの御米においては一粒も無沙汰あるまじく、それ〈難読〉の儀等〈難読〉申し候、一筆くだんのごとし、

天文三年（一五三四）二月四日　兼範　有判

文書17　ツシノ次郎衛門借状案

「（端裏書）正吉郷ツシノ
米参斗借状天文四 十一 六　二郎衛門」

借用申す御出挙米の事

合わせて三斗を定む

右御米たるは、当社造営米を申し請うこと実正なり、ただし、来秋之時、六利分を加え、未進なく返弁致すべく候、もし無沙汰申し候わば、我々子にて候者、字名《あざな》は「はつ」と申し、生年十五歳にまかり成り、永代にこれを進むべし、万一天下一同の御徳政行き候とも、はや徳政行き候て以後申し請い候間、一粒も未進申すまじく候、自然他出つかまつり候□、いかなる権門高家・神社・仏寺御領内、市町・路次・海上、津・関々を嫌わず、見合に御催促に預かるべく候、その時、一儀も子細申すまじく候、よって後日のため一筆くだんのごとし、

天文四年（一五三五）十一月六日　辻の次郎衛門あり判

3　現代語訳

文書15　大宮司余七売券

（端裏書）「永代売券状　余七」

永代に売り渡し申す畠のこと。

合せて一所、私の屋敷。六十歩の内三十歩。

神社の通り、岸が境。

右の畠は、必要が生じたので、代価五百文で永代に売り渡し申す上は、たとえ「徳政」が生じても、いささかも相違の儀はない。しかしながら、私の子孫に至るまで、いささかでも文句を言う者は、この証文に従い、御沙汰がある。よって永代売券の状くだんのごとし。

（一四九〇）延徳弐年庚戌《かのえいぬ》二月十一日

大宮司余七（花押）

同所五郎三郎殿

〈語注〉

＊売券《ばいけん》　田畑や人を売り渡す際に作成する証文。

＊岸　この場合は、がけや段差の意味。

＊天下平均御定法　徳政令のこと。

＊御沙汰　この場合の「沙汰」は領主による処罰。

文書16　兼範借状案

（端裏書）「天文三　二石状　正吉」

御米をお借りすること。

合せて弐石。一石は乳母屋大宮司から。

一石は林七郎衛門允から。

右の米をたしかに八幡御神物のために借りる。ただし、当秋に六利分を加え返済する。もし無沙汰をした時は、私が抱えている内から田八段を永代に知行してよい。その時いささかも不服を言わない。もし「徳政」が生じても、この御米は一粒も無沙汰しない。それ〈難読〉の儀等〈難読〉申し候、一筆くだんのごとし、

天文三（一五三四）年二月四日　兼範　有判

文書17　ツシノ次郎衛門出挙米借状案

「（端裏書）
米参斗借状天文四十一　六
正吉郷ツシノ
二郎衛門」

借用する御出挙米のこと。

合せて参斗。

右の米は、当社造営米のため借りる。ただし、来秋に六利分を加え、未進なく返済する。もしも無沙汰をした時は、私の子で名を「はつ」と言い、生年十五歳になる者を、永代に進上する。万一「天下一同御徳政」が生じた場合、「徳政」以後借りるので、一粒も未進しない。自然この子がよそに逃亡したならば、いかなる権門・高家・神社・仏寺御領内、市町・路次・海上、津・関々を区別せず、見つけ次第身柄を催促してよい。その時、一言も文句を言わない。よって後日の為一筆くだんのごとし、

天文四（一五三五）年十一月六日　辻の次郎衛門あり判

〈語注〉

＊出挙《すいこ》　古代では公私の出挙があったが、中世では私的に米を貸し、利息を付けて回収する行為であった。

＊未進《みしん》　出挙米を返済できないこと。

＊自然《しぜん》　仮定の表現で「もし」という意味である。

＊無沙汰《ぶさた》　出挙米を未進すること。

4 解説

徳政とは

文書16と文書17には「徳政」という言葉が出てくる。これらはいわゆる「徳政令」のことであろうか。

歴史上、最初の「徳政令」は鎌倉幕府が御家人救済のために出した「永仁の徳政令」である。室町時代では、困窮した民衆が土一揆を起こし、それに応えて幕府が「徳政令」を出している。

実は、「徳政」という言葉は古代では漠然と〈民に施す特別の善政〉という意味で使われていたが、中世ではもっぱら〈売った土地を取り戻したり、債務を破棄したりする行為〉という意味に用いられるようになった。そして、公権力が「徳政」を実施するために出す法令が「徳政令」である。

文書16の「御徳政」、文書17の「天下一同御徳政」は「徳政」に「天下」や「御」という敬称が付いている。文書15の「天下平均御定法」も「天下」と「御」という敬称から「天下一同御徳政」と同じものとみなしてよい。敬称が付されていることから、これらは幕府による徳政のことなのだろうか。

ここで「天下一同（御）徳政」という言葉について、呉座勇一氏による解説に注目したい。「天下一同徳政」という言葉は当初は幕府・朝廷など公権力による「徳政」を意味していた。しかし、享徳三年（一四五四）以降、民衆による土一揆が恒常化すると、幕府は土一揆の圧力に屈し、「徳政令」を出したり、土一揆の「徳政」を黙認したりした。そのため幕府による公的な「徳政」と土一揆による私的な「徳政」の境目が曖昧になり、「天下一同徳政」はあらゆるレベルの「徳政」を含む言葉になったと言うのである。

そうすると、室町幕府の「徳政令」が適用された範囲はせいぜい京都近辺に限られるので、長門国に関する文書15〜文書17の「徳政」は幕府による「徳政令」を指すのではなく、守護大内氏の「徳政」や民衆の「徳政」を指すと考えられるだろう。

徳政の背景

実は、中世の人々には〈いったん手放した金銭や土地は元の持ち主に返るのが本来の姿である〉という観念があり、このような観念が「徳政」の背景にあった。特に農民では土地は自分が〈生命を与えたもの〉という思いが強い。土地は耕した者との結び付きが強く、単なる商品ではないのだ。

そのため中世では「売る」という言葉の意味も現代とは異なっており、代価と引き換えに〈一時的に所有権を移す〉という意味で使われた。文書15のように「永代売り渡し申す」（文書15）とあっても、「永代」は永久のことではない。ここでの「永代」は長年くらいの意味しかなく、実際には何年後でも買い戻しが可能であった。中世の「永代」は現代の行政文書の保存年限の一つである

「永年《えいねん》」（十年以上の期間）のニュアンスに近い。そして、文書16のように自分の田を「永代」に知行させる場合も、文書17のように自分の子どもを「永代」に差し出す場合も、何年後でも質物を取り戻せるというニュアンスが含まれていたであろう。

徳政文言

中世の農民は困窮した場合「徳政」を求めて土一揆を起こすが、売買契約が破棄されると却って経済が混乱することも承知していたと思われる。

そのため売買や質入れのための証文には、「徳政」に備えて特別な文言を付すようになった。文書15では「天下平均御定法行候共」、文書16では「御徳政行候共」、文書17では「天下一同御徳政□行候共」という文言が入っている。

このような〈たとえ「徳政」があっても、取り戻すことを許さない〉旨を明記した文言を「徳政文言」（徳政担保文言）と呼ぶ。徳政文言はモノを取り戻そうとする意識と、契約を守ろうとする意識のせめぎ合いから生まれてきた工夫であったと言えるだろう。

ここで、「徳政文言」に一般的に見られる「（徳政）行候共」という語句の読み方に注目したい。従来は幕府だけが「徳政」を実施する主体であると考えられていたので、この語句は「おこないそうろうとも」と読まれていた。ところが、民衆による「徳政」が恒常化すると、当時の人々は「徳政」を災害のように自然発生するものととらえた。そこで、桜井英治氏は「徳政」が〈爪痕を残して去って行く〉台風のようなイメージでとらえられていたので、「行候共」という語句を「いきそうろうとも」と読むべき場合があると述べている。これに従い、本書では文書15～文書17に見える「行候共」を「いきそうろうとも」と読んでいる。

長門国の徳政

では、実際に長門国ではどのような「徳政」が起きていたのであろうか。

大内氏は大永六年（一五二六）五月九日の禁令（「大内氏掟書」『中世法制史料集』三・武家家法Ⅰ）の中で大内氏領国中の「徳政」は以前から禁止されており、名主百姓等が「嗷訴《ごうそ》」（集団で訴えること）をして「徳政」を求めることは以ての外であると述べている。しかし、同じ禁令の中に去年（大永五年）、大内氏領国の一つである筑前国で「一揆」（土一揆）が起き、その張本人が「誅伐」されたとある。さらに、今後名主百姓等が「徳政の沙汰に及ぶ」なら「成敗」すると述べている。このことから、大内氏が領国内で「徳政」を禁止していたにもかかわらず、名主百姓が「徳政」を求める土一揆を起こしていたことがわかる。

一方で、大内氏は先に見た禁令の中で「氷上山大頭役人并長州一二両社流鏑馬《やぶさめ》役等」を務める者に「徳政」を認めている。「氷上山《ひかみさん》」は大内氏の氏寺《うじでら》である周防国の興隆寺を指す。「大頭役《だいとう》」は興隆寺の最も重要な祭礼である二月会《にがつえ》の執行責任者を指し、これは大内氏の一族や重臣の中から選ばれる。大内氏は基本的には「徳政」を許さないが、その本拠地（周防・長門）にある寺社の行事で大役を務める者には認めることがあったのである。

実は、二月会の「大頭」に次ぐ責任者は「脇頭」・「三頭」であったが、特定の人物ではなく、鬮《くじ》で選ばれた領国内の「郡」が任命された。選ばれた「郡」の郡代《ぐんだい》（大内氏が派遣した郡の代官）が管轄下の農民を率いて役を務めるということである。「大頭」は役を務めるため費用や労力を負担するが、「徳政」を適用され、負債は補填される。これに対し、「脇頭」・「三頭」役は実質的には郡内の農民であったが、農民たちには「徳政」が適用されず、彼らの負債は膨らむばかりである。

そのため「脇頭」・「三頭」が当たった郡内の農民の中には自分たちも責任者であり、「徳政」の恩恵を受けて当然だという意識を持つ者もいたであろう。大内氏が特定の者とはいえ「徳政」を許すことは、却って農民に「徳政」を求める口実を与えたのではないか。そして、いったん大内氏領国内のどこかで「徳政」を求める土一揆が発生すると、別の地域に飛び火していったであろう。いつ、どこで起こるかわからない「徳政」に備えて、長門国の農民も証文に徳政文言を付していたことは想像に難くない。


〈参考文献〉

太田順三「大内氏の氷上山二月会神事と徳政」（渡辺澄夫先生古希記念事業会編集・発行『九州中世社会の研究』、一九八一年）。

笠松宏至『徳政令―中世の法と慣習―』（岩波書店、一九八三年）。

勝俣鎮夫『戦国法成立史論』（東京大学出版会、一九七九年）第一部第四章「地発と徳政一揆」。

呉座勇一「在地徳政論再考―伊勢・近江を中心に―」（天野忠幸ほか編『戦国・織豊期の西国社会』〈日本史史料研究会論文集2〉日本史史料研究会企画部、二〇一二年）。

桜井英治「在地徳政・私徳政について」（『歴史と地理　日本史の研究』五六七、二〇〇三年）。

布引敏雄「戦国大名大内氏の徳政令」（『山口県地方史研究』四九、一九八三年）。

平瀬直樹『大内氏の領国支配と宗教』（塙書房、二〇一七年）第三部第一章「興隆寺と二月会」。

第五章　有光氏

鎌倉時代、正吉郷八幡宮の大宮司は秦氏であった。「有光家文書」に有光氏が大宮司として現れるのは室町後期になってからである。

有光氏はどのような経緯で政吉郷に関わるようになったのであろうか。

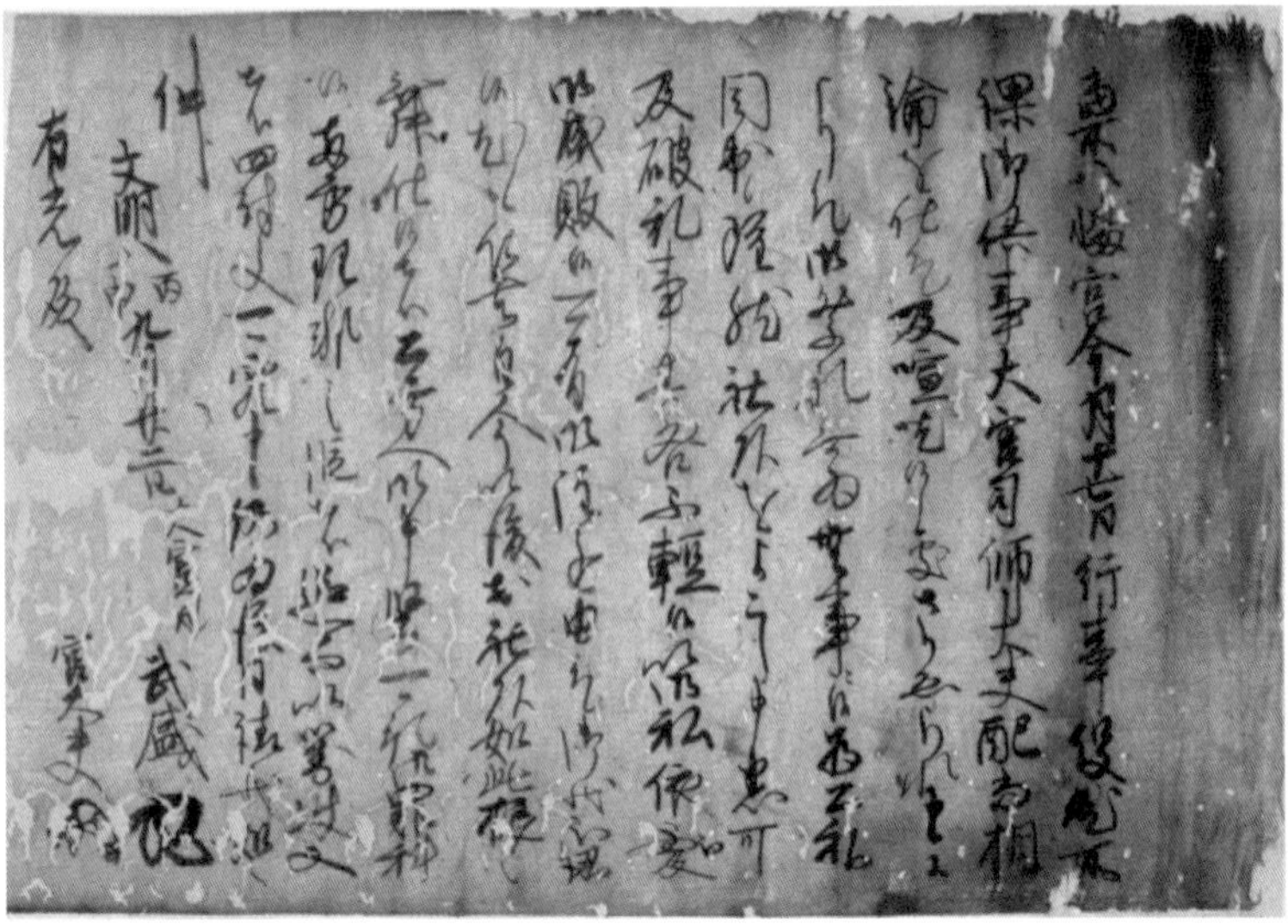

文書18　宮大夫・大宮司武盛連署請文
（有光五七）

当所八幡宮今月十七日行事役就二所
課御供事一、大宮司・師大夫配当相
論を仕候て、及二喧嘩一候之処、さゝゑ（支）られ申候に
より候て、御祭礼無為無事ニ候、為二公私一
目出候、雖レ然社頭をよこし（汚し）申、悉可レ
及二破乱一事、其咎不レ軽候、以二御私一依下不レ○（被）レ及二
御成敗一候上、可レ有二御注進一由候て、御状被レ認
候、尤候、乍レ去自今以後、於二社頭一如レ此振之（ママ）
舞仕候者、公方へ御申、堅可レ預二御罪科一
候、両方理非之段者、追而以二対決又
者罰文一可二究申一候、仍為二後日一請状如レ之
件、

文明八丙申九月廿二日　大宮司 武盛（花押）

宮大夫（花押）

有光殿

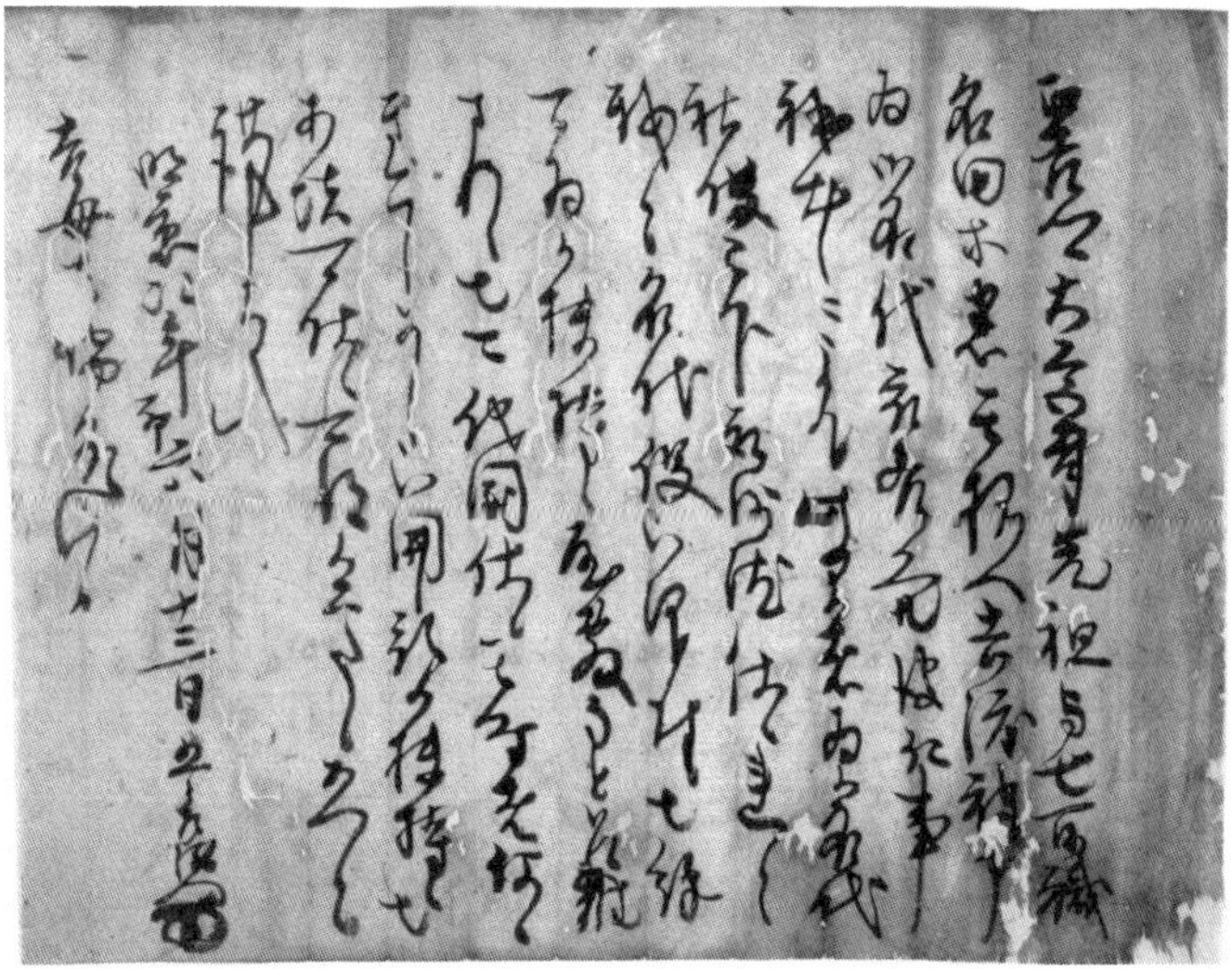

文書19　五郎左衛門書状（有光六〇）

正吉郷大宮司先祖与七所職
名田等、悉其様へ去渡被レ申、
為二御名代一被レ差候へ共、彼仁事
躰なしニよて、此間者為二御名代一
社役已下取沙汰仕候、連々
我々名代役被二仰付一候者、余
可レ為二御扶持一候、屋敷なと召離
され候者、可二他国仕一候、其時者何候
きこしめし（聞）被レ開、預二御扶持一候者、
安堵可レ仕候、可レ得二御意一候、恐々
謹言、

明応二年乙卯六月十三日　五郎左衛門（花押）

吉母□（真）鍋殿まいる

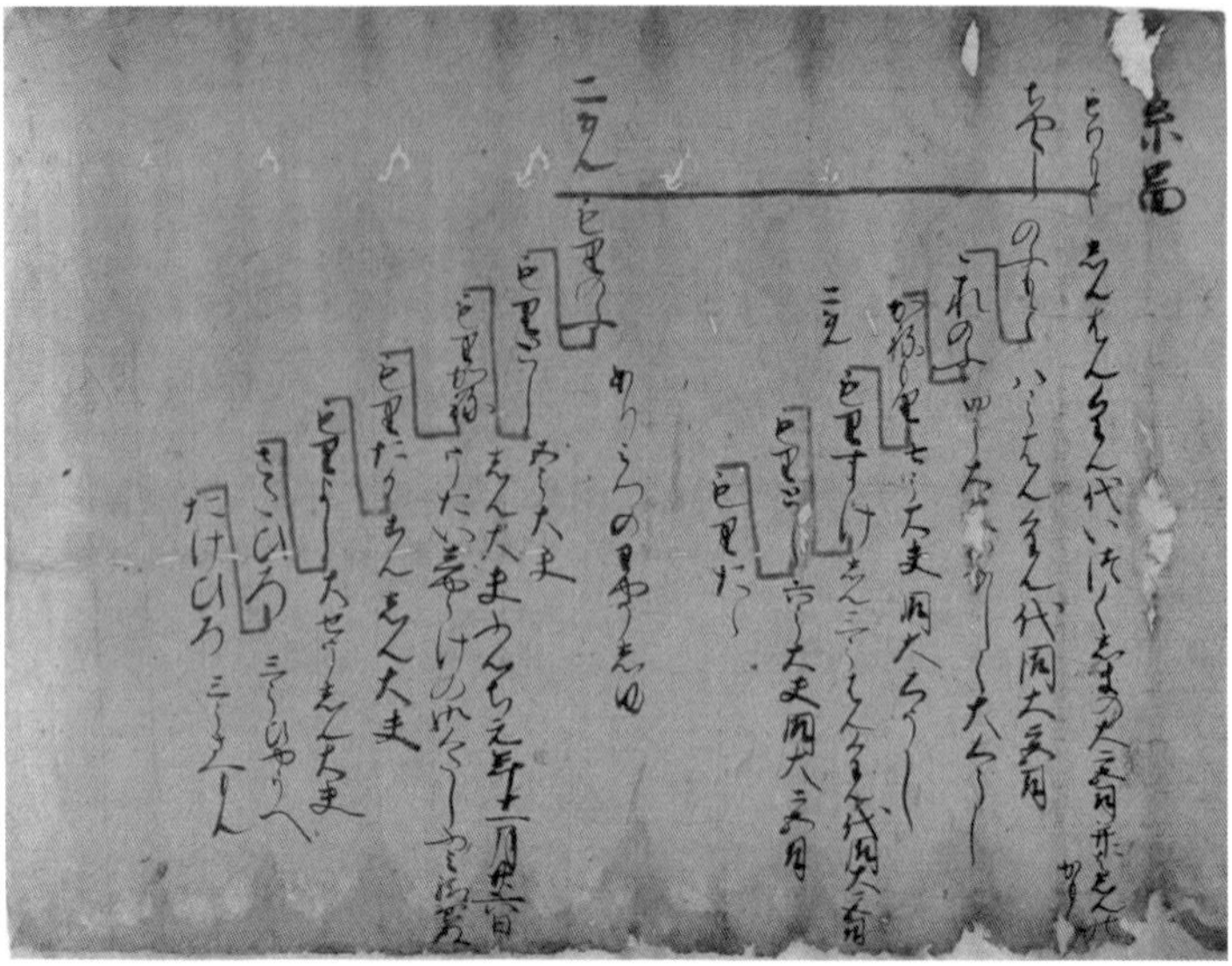

文書20　有光氏系図（有光一一二）

系図

もりもと　しんはんくわん（新判官）代いつくしま（厳島）の大宮司并《ニ》はしんの
かもん

ちやくし（嫡子）

のふもと　八郎はんくわん代同大宮司

これのふ　四郎大□[夫]おなしく大くうし（宮司）

かねもり　七郎大夫同大くうし

二なん（男）　もりすけ　しん三郎はんくわん代同大宮司

もりとし　六郎大夫同大宮司

もりた、

二なん（男）　もりのふ　ありミつ（有光）のりやうしゆ（領主）

もりとし　五郎大夫

もりかね　しん大夫ふんち（文治）元年十一月廿六日
うたいしやう（右大将家）（源頼朝）けの御くたしふミ（下文）給おハぬ

もりたか　こんしん大夫

もりよし　大せうしん大夫

さたひろ　三郎ひやうへ（兵衛）

たけひろ　三郎さへもん（左衛門）

○図中の線はすべて朱線である。

2 読み下し文

文書18 宮大夫・大宮司武盛連署請文

当所八幡宮今月十七日行事役、所課御供事につき、大宮司・師大夫、配当相論を仕り候て、喧嘩に及び候のところ、支えられ申し候により候て、御祭礼無為無事に候、公私として目出候、しかりといえども、社頭を汚し申し、悉く破乱に及ぶべき事、その咎軽からず候、御私をもって御成敗に及ばれず候により、御注進あるべき由候て、御状認《したた》められ候、もっともに候、さりながら自今以後、社頭においてかくのごとき振舞仕り候わば、公方《くぼう》へ御申し、かたく御罪科に預かるべく候、両方理非の段は、追って対決または罰文をもって究《き》め申すべく候、よって後日の為請状くだんのごとし、

文明八年（一四七六）丙申《ひのえさる》九月廿二日 大宮司武盛（花押）
宮大夫（花押）

有光殿

文書19 五郎左衛門書状

正吉郷大宮司先祖与七所職名田等、悉くそれ様へ去り渡し申さる、御名代として差され候えども、彼の仁の事、躰なしによって、この間は御名代として、社役已下取沙汰仕り候、連々我々名代役仰せ付けられ候わば、余りに御扶持たるべく候、屋敷など召し離され候わば、他国つかまつるべく候、その時は何に候聞こしめし開かれ、御扶持に預かり候わば、安堵仕るべく候、御意を得べく候、恐々謹言、

明応四年（一四九五）乙卯《きのとう》六月十三日 五郎左衛門（花押）

吉母真鍋殿まいる

文書20　有光氏系図（省略）

3　現代語訳

文書18　宮大夫・大宮司武盛連署請文

当所八幡宮今月一七日の行事役について、所課御供のことで、大宮司と師大夫が、その配分をめぐって相論になり、喧嘩に及んだが、（有光殿が）支えなさったので、御祭礼は無為無事に終わった。公私ともにめでたいことである。しかしながら、社頭を穢し悉く破壊した咎は軽くない。それでも、（有光殿が）「御私」をもって、御成敗に及ばれなかったので、注進した方がよいとおっしゃって、文書を認《したた》めなさったのはもっともなことである。そうではあるが、今後、社頭でこのような振舞を行えば、公方《くぼう》へ上申し、厳しく御罪科に預かるべきである。両方の理非については、追って対決するか、または罰文をもって究明するつもりである。よって後日のため誓約状くだんのごとし。

文明八年（一四七六）丙申《ひのえさる》九月廿二日　大宮司武盛（花押）

宮大夫（花押）

有光殿

〈語注〉

＊行事役　どのような「役」であるかは不明だが、祭礼に関わるものであろう。

＊所課御供　課されたお供え。

＊師大夫　詳しい職掌は不明であるが、大宮司とともに正吉郷八幡宮の神職。

＊相論《そうろん》　もめごと。

＊支《ささ》える　状態が悪くならないようにするという意味。ここは喧嘩がひどくならないように止めに入ったということである。

＊対決　裁判での当事者による口頭弁論。

＊御私　私的な判断のこと。自分の「一存で」というようなニュアンスであろう。

＊罰文　起請文のこと。

＊宮大夫　詳しい職掌は不明であるが、大宮司とともに正吉郷八幡宮の神職。

文書19　五郎左衛門書状

正吉郷大宮司の「先祖」である与七の所職名田等をことごとくあなた様（吉母真鍋殿）へ譲り渡す。御名代として差されたが、彼仁の事は、「躰なし」なので、この間は御名代として、（五郎左衛門が）社役以下を取沙汰《とりざた》してきた。引き続き私に名代役を仰せ付けられたなら、扶持として余りあることである。屋敷等を召し離れたならば、「他国」するしかない。その時はどんなことでもお聞き「開《ひら》かれ」、扶持して頂けるならば、安心できるでしょう。どうかご判断下さい。恐々謹言。

明応四年（一四九五）乙卯《きのとう》六月十三日　五郎左衛門（花押）

吉母真鍋殿まいる

〈語注〉

＊先祖　何代も前の先祖ではなく、「前任者」くらいの意味であると考えられる。

＊差《さ》　指名すること。

＊所職《しょしき》名田　職《しき》に伴う名田のこと。この場合は大宮司の職務に付随した利権である名田を指す。

＊彼仁《かのじん》　この文書だけでは誰のことかわからない。五郎左衛門と「吉母真鍋殿」との間では暗黙のうちにわかっている人物である。

＊躰《てい》なし　実体が伴わないこと。ただし、『県史』史料中世3では、「躰なし」を「躰尤候」と読んでいる。

＊扶持《ふち》　（上級権力者が下位の者を）扶助すること。

＊他国《たこく》　村を退去し、よそに移住すること。追放のニュアンスのある言葉である。

＊開く　疑いを晴らすこと。

＊吉母《よしも》　現在の下関市大字吉母のこと（図2）。

文書20　有光氏系図（省略）

4　解説

有光氏の登場

「有光家文書」で「有光」を名乗る人物の初見は文明八年（一四七六）に正吉郷八幡宮の祭礼をめぐって生じた紛争（文書18）である。その人物は文中で「有光殿」と呼ばれ、紛争の処理で大事な役割を果している。

先ず、文書18からこの紛争の経緯とその後の処理について要点をまとめておこう。

文明八年九月十七日に行われた正吉郷八幡宮の祭礼のお供えについて、大宮司と師大夫が配分のことでもめて喧嘩に及んだ。「有光殿」が止めに入ったので祭礼は無事に終わった。「有光殿」は私的な判断により当事者を成敗せず、その代わり「御注進」をするために文書を認《したた》めた。そこで大宮司武盛と宮大夫は「有光殿」に対し誓約を行った。その誓約とは一つには今後このような振舞いをしたならば、「公方」に上申し、厳重に処罰されてもよい、二つ目は喧嘩の理非については後日裁判または起請文ではっきりさせるということであった。

この内容からわかることは「有光殿」は大宮司や師大夫という正吉郷八幡宮の神職たちの上に立っており、彼らを「成敗」するかどうかを自分の一存で決める権限を持っていたが、上位者に対しては報告義務があり、また、再度の紛争が生じた場合は「公方」に上申する立場にあったということである。

公方とは

「有光殿」は神職たちと「公方」との間に立つ存在であった。一般に「公方《くぼう》」は将軍のことを指すが、室町時代の農民にとっては自分が属する地域を統治する「公《おおやけ》」が「公方」であった。室町時代に長門国を治めていたのは守護の大内氏であり、この「公方」は大内氏を指す。また、ほかにも長門国厚狭郡の正法寺が文明一一年（一四七九）に寺領や由緒に関する報告書を提出した際に、大内氏のことを「公方」と呼んだ事例がある（正法寺文書四二、『県史』史料中世3）。

大内氏は支配下の国で、防府天満宮（周防国）、大井郷八幡宮（長門国阿武郡）、秋穂庄八幡宮（周防国秋穂庄）というように、「国」、「郡」、「庄」という地域レベルの鎮守社の祭礼に介入し、それらの地域を安定的に支配することに努めた。鎮守社の祭礼は本来地域の住民たちが共同体の絆を維持するために行うものである。しかし、大内氏は次第に地域の祭礼を〈大内氏への忠誠を示す儀礼〉として住民に義務付けるようになっていった。

具体的には、防府天満宮では段銭《たんせん》という臨時税で社殿の修理をしたり、家臣を動員して祭礼を盛り上げたりした。大井郷八幡宮では郡内の郷（ムラ）の代表を集めて祭礼により郡内の結束を図らせた。秋穂《あいお》庄八幡宮では大内氏一族が寄付して社殿の造営を行い、荘園の住民に恩恵を施した。したがって、正吉郷八幡宮のような「郷」という最も下位のレベルの鎮守社に対しても、大内氏が祭礼に介入していた可能性はあるだろう。

有光氏とは

では、有光氏はどういう一族なのであろうか。年月日未詳「有光家系図」（文書20）をもとに考えてみたい。

この系図では最初に「もりもと」という人物がおり、そこから嫡子と次男の家系が分かれている。次男の家系の最初には「もりのふ」という人物がおり、その注記に「ありミつ《有光》のりやうしゅ《領主》」とあることから、この系統が有光氏であり、有光という土地の領主（所領の持ち主）であることがわかる。そして、「もりのふ」・「もりとし」に続く「もりかね」の注記には文治元年（一一八五）一一月二六日、「右大将家（源頼朝）の御下文」を賜ったとある。これは源頼朝の命令書によって御家人に任命されたということを意味する。

系図に見える人名は平安末期から南北朝時代くらいまでの期間に活躍した人物と考えられ、実名に「もり《盛》」の一字が共通している。これに対し、同時期の大宮司秦氏は名前に「弘」や「延（信）」の一字が用いられる傾向があり、この系図に秦氏に属するであろう人名は見当らない。したがって、有光氏は秦氏とは別の一族と考えられる。

鎌倉時代の有光氏は有光という土地の領主であり、かつ鎌倉幕府の御家人であった。名字の土地である有光を所領として、やがて鎌倉幕府御家人になるという典型的な武士（在地領主）の途《みち》を歩んでいたと思われる。この点で鎌倉時代に秦氏が正吉郷内で名主層から頭ひとつ抜き出た上層農民であったのとは異なる。

有光という土地

有光氏が有光という土地の領主なら、それはどこにあるのだろうか。「有光家文書」以外の文書を用いて考えてみたい。

文明一三年（一四八一）四月の「長門国八社五堂在庁官人等出仕次第」（忌宮二四九）によれば、「光富《みつとみ》・有光」が分担して白馬節会《あおうまのせちえ》に馬を奉納していた。「光富・有光」とは長門二宮（忌宮神社）の所領である「光富名」と「有光名」のことである。「光富名」と「有光名」がセットになって馬を奉納していることから、ここで仮に両所が近接していると考える。そして、中世の「長門国豊浦郡阿内包光名絵図」（大徳寺文書、『県史』史料中世4付録）には、大徳寺領阿内包光名《おうちかねみつみょう》（下関市大字阿内）の西側に「光富」という地名が見え、「光富」が現在の下関市大字内日上《うついかみ》・大字内日下《うついしも》あたりに相当することから、「有光」もこの近くであると見当が付く。

そこで、今度は元徳元年（一三二九）二月「三井資基重言上状写」（「閥閲録」三井善兵衛家）を見ると、長門国に「有光名大河内村」という地名が見える。この言上状を書いた三井資基は「有光名大河内村」の一分地頭《いちぶじとう》であった。有光氏の開発した「有光名」が分割され、「大河内村」だけは別の

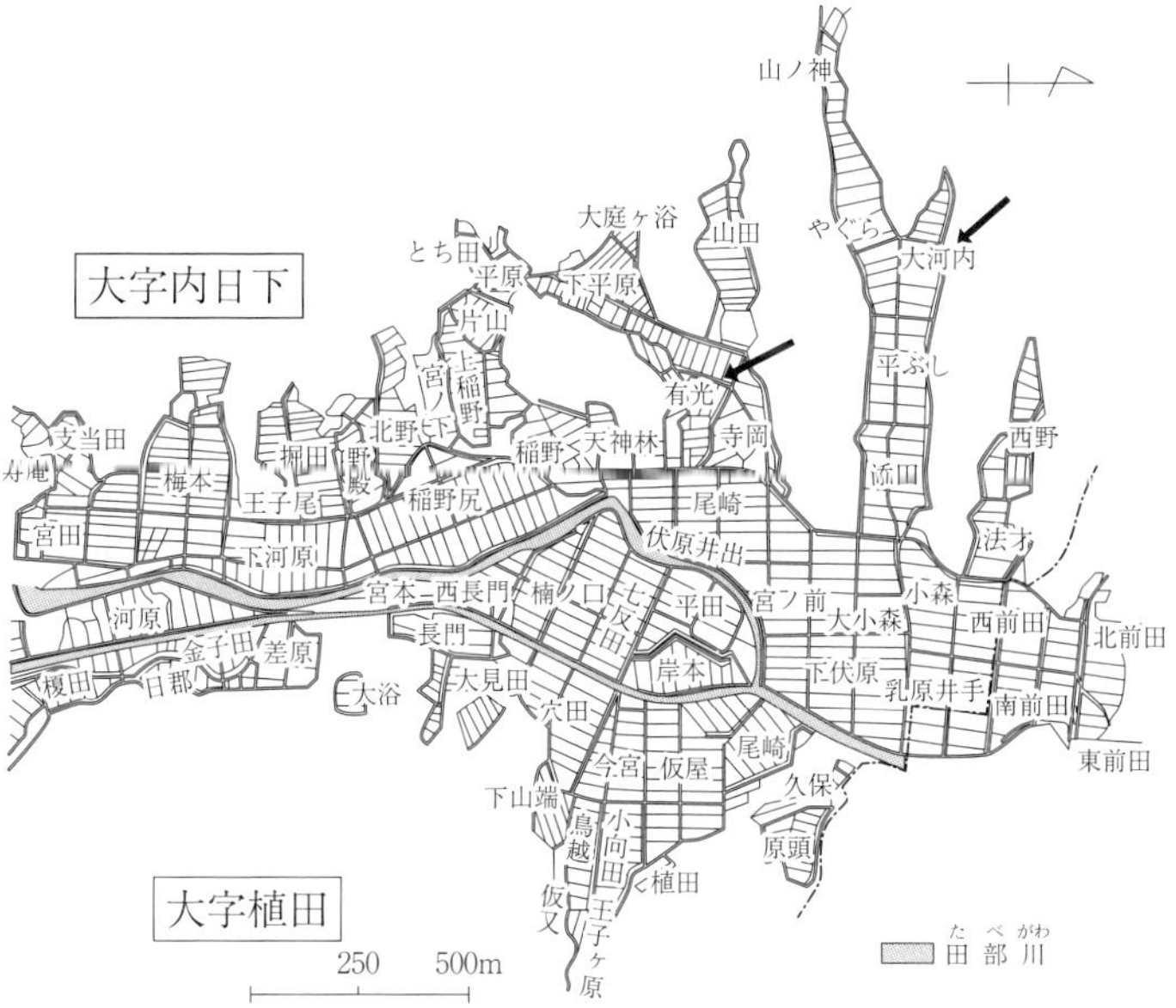

図４　大字内日下・植田の字図

『下関市史　原始―中世』（下関市発行、2008年）498頁から転載。

一族（三井氏）の所領になっていたのであろう。

最後に、現在の大字内日下地区の字《あざ》図《ず》（図４）に照らすと、大字内日下に田部《たべ》川に落ちる谷々があり、田部川の上流（北方）の方から「大河内」↓「有光」という順で小字が並んで見つかる。おそらく中世の初期に「有光」から開発が始まり、やがて「有光名」が形成され、さらに「大河内村」も含むようになったのであろう。

有光という土地は現在の大字内日下にあった。この土地は正吉郷から東に一五キロメートルほど離れた内陸部に位置している（図２）。そうすると、有光氏は内陸の内日から海に面した正吉郷に移住した一族ということになる。

移住の経緯

では、有光氏はどのような経緯で正吉郷に移ってきたのであろうか。

先に見たように、有光氏は大内氏の配下で正吉郷八幡宮の祭礼をめぐって生じた紛争を処理した。この時点で有光氏が正吉郷内に居住していたかどうかはわからないが、大内氏が鎮守社の祭礼に介入するために有光氏を調整役として起用したことは想定できる。

やがて有光氏は正吉郷八幡宮の大宮司職を得て正吉郷に定住し、一方、先に大宮司であった秦氏の消息はわからなくなる。

秦氏が大宮司職を手放す経緯は以下のとおりである。

①延徳四年（一四九二）、「正吉石和田」の「大宮司与七」が大宮司職を甥の市上丸に譲っている（有光五九）。

②年月日未詳「某打渡状案」（有光一〇七）に「与七方他国仕候上ハ」という記述がある。

③文書19に（秦）与七の大宮司職についての記述がある。文書19の要旨は以下のとおりである。

明応四年（一四九五）に五郎左衛門という者が「大宮司先祖与七」の大宮司職に伴う名田等を吉母の「真鍋殿」という人物へ譲り渡した。文中で「彼仁」と呼ばれる人物が大宮司の名代に指名されていたが、その地位には実体がないので五郎左衛門が名代を務めてきた。五郎左衛門は引き続き自分に名代役を仰せ付けて欲しいと「真鍋殿」に嘆願した。

①〜③の文書から以下のことが推測できる。延徳四年（一四九二）に与七が大宮司職を甥に譲り、さらに明応四年（一四九五）までの間に大宮司職は正吉郷の北隣りの吉母《よしも》（村）に住む「真鍋殿」に移っていた。その間、五郎左衛門が大宮司の名代を務めていた。また、いつの時点かわからないが、与七は「他国」（故郷を離れること）していた。

康永元年（一三四二）以降、石和田の地が代々大宮司秦氏の屋敷地であったことから（文書9）、①の大宮司与七は秦氏である。なお、石和田という土地は中世では石小田とも表記され、現在では石王田と表記されている（図1）。

このように、明応四年（一四九五）までの間に大宮司職は秦氏から正吉郷外の人間に移っていった。このことは与七が「他国」したことと関係があるだろう。秦氏は何らかの理由により正吉郷内で勢力を失い、正吉郷を離れ、ついには大宮司職を手放すことになったのである。

次に、有光氏が大宮司職を得る経緯を探ってみよう。

天文六年（一五三七）の文書に「正吉大宮司彦七」（有光六七）、文禄二年（一五九三）の文書に「有光彦七」（有光一〇〇）、同五年（一五九六）の文書に「正吉八幡大宮司彦七」（有光一〇二）という人名が見える。これらのことから、天文六年（一五三七）の「正吉大宮司彦七」は文禄年間に大宮司であった「有光彦七」と同一人物であったか、そうでないとしても同じ家系であろう。有光氏は遅くとも天文六年（一五三七）には大宮司になっていたと言える。

そうすると、大宮司職が秦氏から有光氏に交代する経緯は次のように考えられる。先ず、文明八年（一四七六）、大内氏の配下にある「有光殿」という人物が正吉郷八幡宮の祭祀をめぐる紛争に介入し、次に、延徳四年（一四九二）以降、秦氏が正吉郷を去って大宮司職を他家に手放し、その後、天文六年（一五三七）までの間に有光氏が大宮司になった。

有光氏が「有光殿」として正吉郷に現れる時期は、ちょうど大内氏が「公方」として領国内の寺社の祭礼に介入していた時期と符合する。「有光殿」が登場した頃、正吉郷は祭礼をめぐって郷内に紛争が生じていた。共同体が不安定な状況にあって、有光氏は祭礼をめぐる紛争を処理した功績を認められた。そこで、大内氏の意にかなう大宮司として起用され、正吉郷に定住したのではないだろうか。その一方、秦氏は「公方」（大内氏）から大宮司として不適であると判断されてしまったのかもしれない。

有光殿

「有光殿」という呼び方から、この人物が正吉郷内で敬意を払われていることがわかる。どのような立場であったのか、ここで再び江戸中期に編纂された正吉村浄専寺の由緒書（「寺社由来」、山口県文書館蔵）を見てみよう。

由緒書のうち、寺の始まりを述べた箇所を抜粋する。

当寺の開基は祐心という。俗名は有光勘解由といい、何方よりか牢人（浪人）と言い伝えるが、詳しいことは失われている。ただ今寺の後に「殿屋敷」という場所があり、また「勘解由屋敷」ともいう。それゆえ（由緒書の筆者は）ここに久しく居住したと考えている。その後、豊前小倉永照寺の僧西願が諸国を回っていた時、剃髪して弟子になり、本尊を申し請い真宗の僧侶になった。時に「永正十五年《（一五一八）》戊寅三月廿八日」と本尊の裏書にある。寺号は寛文元年《（一六六一）》に改め浄専寺という。

有光勘解由が寺を創建した永正一五年（一五一八）から三十年後、天文一七年（一五四八）一一月一六日「長門国正吉郷守護領天文十六年分算用状」（有光七一）に年貢の負担者として「有光勘解油《（由）》左衛門」の名前が見える。「有光勘解油《（由）》左衛門」が浄専寺の開基と同一人物かどうかはわからないが、同じような名前の人物が存在したことにより、由緒書に見える有光勘解由は実在した可能性が高い。

有光勘解由は浄専寺の由緒書の中で居住場所が「殿屋敷」と呼ばれていることから、元「浪人」とはいえ正吉郷内では村人に「～殿」という敬称で呼ばれていたのであろう。永正一五年はちょうど大宮司職が有光氏に交代する頃にあたる。それゆえ、この由緒書から有光氏が正吉郷の外部から来住し、守護大内氏と農民の間に立つ地位を得て、やがて「有光殿」と呼ばれるまでになったことが窺えるのではないだろうか。

〈参考文献〉

平瀬直樹「長門国正吉郷の中世―「有光家文書」の世界―」(『日本社会の史的構造　古代・中世』思文閣出版、一九九七年)。

〈史料集〉

元徳元年二月「三井資基重言上状写」(『萩藩閥閲録』二巻、山口県文書館編修・発行、一九七九年)。
「正吉村浄専寺の由緒書」(『防長寺社由来』七巻、山口県文書館編集・発行、一九八六年)。

第六章　まじない

有光氏は密教僧や修験者（山伏）が行うようなまじないに関する文書を持ち伝えた。これらのまじないは当時の神仏習合思想によるものであり、とても奇妙で難解なものである。

いったいどのような内容なのであろうか。

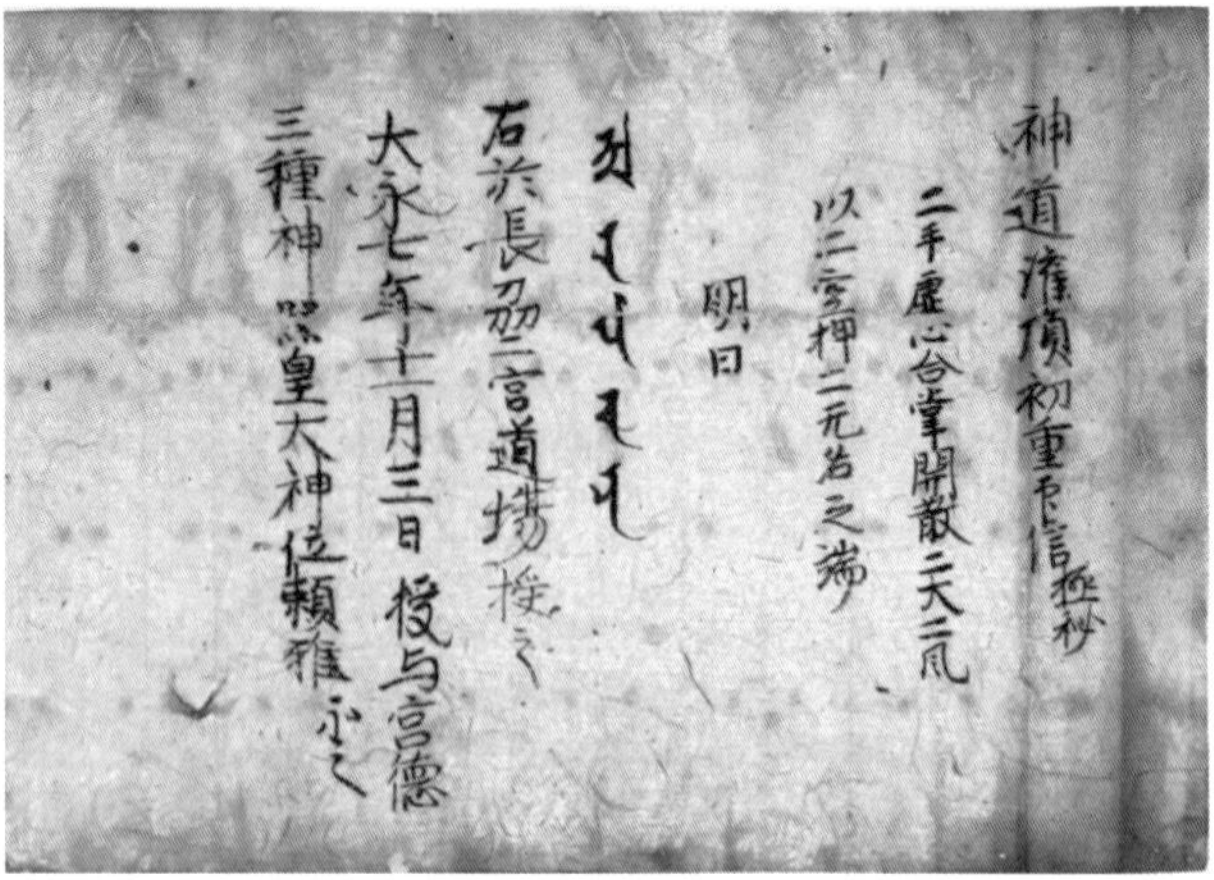

文書21　神道灌頂初重印信（有光六二）

神道灌頂初重印信極秘

二手虚心合掌開二散二大二風一

以二二空一押二二无名之端一

明日

右於二長州一宮道場一授レ之、

大永七年十一月三日　授二与宮徳一

三種神器皇大神位頼雅示レ之

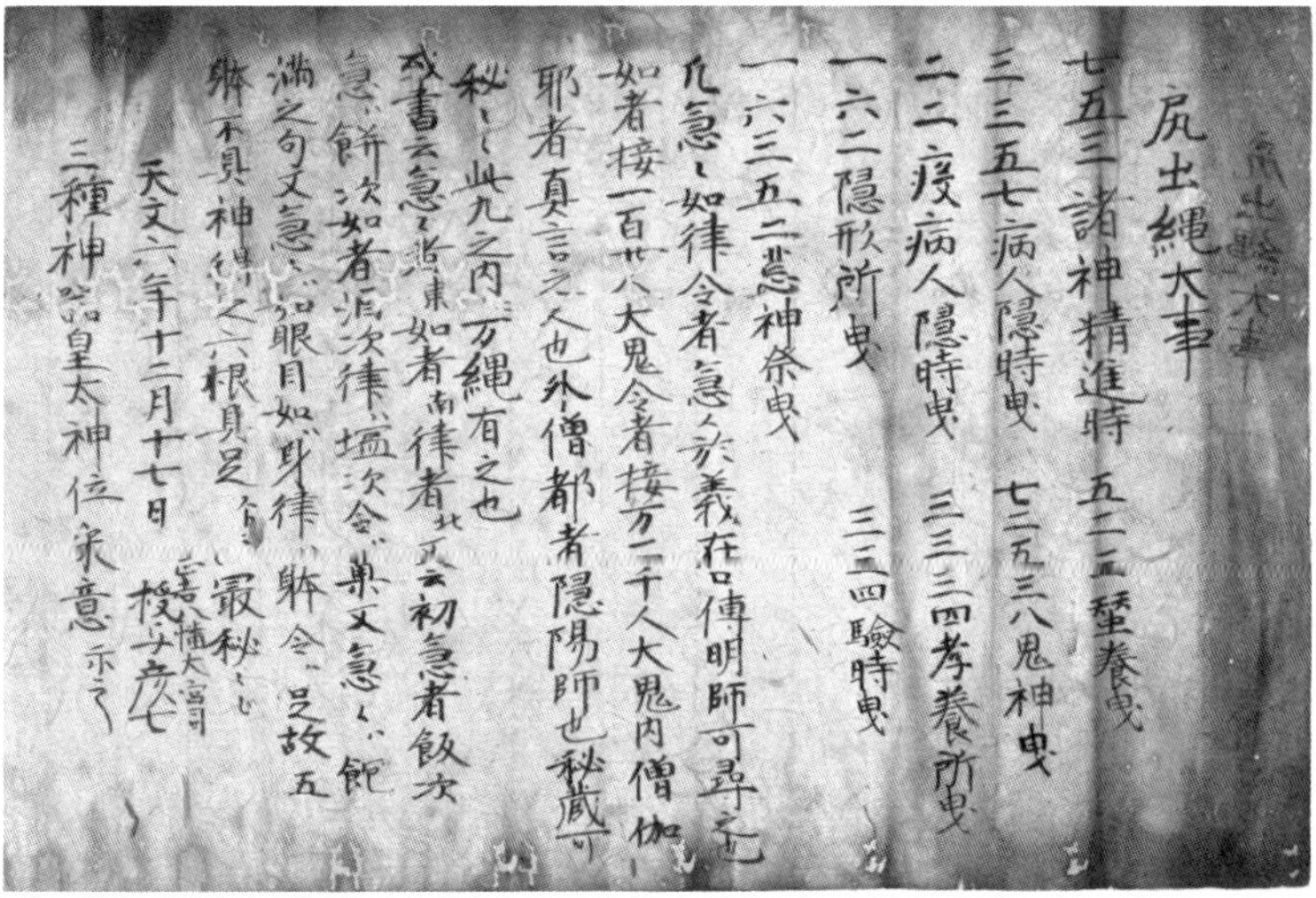

文書22　尻出縄大事切紙（有光六六八）

（端裏書）「尻出縄大事」

尻出縄大事

七五三諸神精進時　五二三蚕養曳

三三五七病人隠時曳　七二五三八鬼神曳

二二疫病人隠時曳　三三三四孝養所曳

一六二隠形所曳　三三四験時曳

一六三五二荒神祭曳

凡急々如律令者、急々於レ義在ニ口伝一、明師可レ尋レ之也、
如者接一百廿人大鬼、令者接万二千人大鬼、内僧伽
耶者真言之人也、外僧都者隠〔陰〕陽師也、秘蔵可レ
秘々レ々、此九之内ニ万縄有レ之也、
或書云、急々者東、如者南、律者北、又云、初急者飯、次
急ハ餅、次如者酒、次律ハ塩、次令ハ菓、又急々ハ飽
満之句、又急々ハ弘眼目、如ハ身、律ハ躰、令ハ足、故五
躰不具神得レ之、六根具足スト云々、最秘々々、

天文六年十二月十七日　正吉八幡大宮司
授ニ与彦七一

三種神器皇太神位采意示レ之

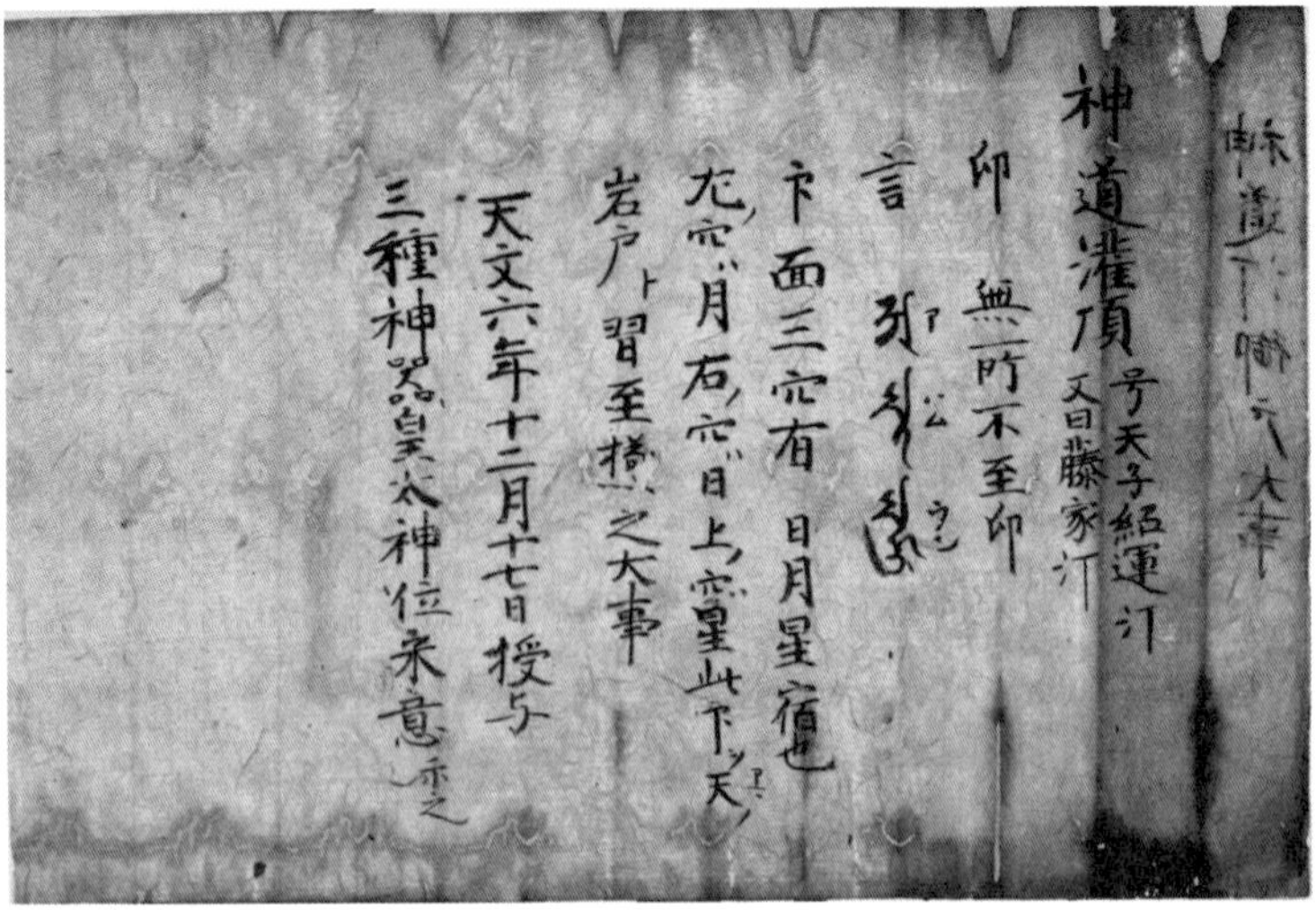

文書23　神道灌頂印信（有光六六九）

（端裏書）「神道汀御戸大事」　＊「汀」は「灌頂」の略号

神道灌頂号二天子紹運汀一、又曰二藤家汀一

印　無所不至印

言　𑖀《ア》𑖮𑖽《ハム》𑖮𑖳𑖽《ウン》

印面三穴有　日月星宿也、

左ノ穴ハ月、右ノ穴ハ日、上ノ穴ハ星、此印ヲ天《アマ》ノ

岩戸ト習、至極之大事、

天文六年十二月十七日授与

三種神器皇太神位采意示レ之

2　読み下し文

文書21　神道灌頂初重印信

神道灌頂初重印信極秘

二手虚心合掌し、二大二風を開散す、二空を

もって二無名の端を押す

明《みょう》に曰《いわ》く

（梵字　ア　ラ　ハ　シャ　ノウ）

右、長州二宮道場においてこれを授く、

大永七年（一五二七）十一月三日　宮徳に授与す

三種神器皇大神位頼雅これを示す

文書22　尻出縄大事切紙（有光六六）

（端裏書）「尻出縄大事」

尻出縄大事

七五三諸神精進の時、五二三蚕養に曳《ひ》く、三三五七病人隠るる時曳く、七二五三八鬼神に曳く、二二疫病人隠るる時曳く、三三三四孝養《きょうよう》所に曳く、一六二隠形《おんぎょう》所に曳く、三三四験《げん》の時曳く、一六三五二荒神祭に曳く、

およそ急々如律令は、急々は義において口伝あり、明師にこれを尋ぬべきなり、

如は接一百二十人大鬼、令は接万二千人大鬼、内僧伽耶は真言の人なり、外僧都は陰陽師なり、秘蔵、秘すべし、秘すべし、この九の内に万の縄これあるなり、

或る書にいわく、急々は東、如は南、律は北、またいわく、初めの急は飯、次の急は餅、次の如は酒、次の律は塩、次の令は菓、また急々は飽満の句、また急々は弘眼目、如は身、律は躰、令は足、ゆえに五躰不具の神これを得、六根具足すと云々、最秘最秘、

天文六年（一五三七）十二月十七日

正吉八幡大宮司彦七に授与す
三種神器皇太神位采意これを示す

文書23　神道灌頂印信（有光六九）

（端裏書）「神道灌頂御戸大事」
神道灌頂天子紹運灌頂と号す、また藤家灌頂ともうす、
印　無所不至印
言　ア　バン　ウン
印面に三穴あり、日月星宿なり、
左の穴は月、右の穴は日、上の穴は星、この印を天《アマ》の岩戸《いわと》と習う、至極の大事、
（一五三七）天文六年十二月十七日授与す
三種神器皇太神位采意これを示す

3　現代語訳

文書21　神道灌頂初重印信

神道灌頂初重の印信　極秘。

（手印の結び方は）左右二つの手で「虚心合掌」したあと、二つの「大指」（親指）と二つの「風指」（人差し指）を開き、二つの「空指」（親指）でもって二つの「無名指」（薬指）の端を押す。

明に曰《いわ》く
（梵字　ア　ラ　ハ　シャ　ノウ）

長門二宮道場においてこれを授ける。

（一五二七）大永七年十一月三日　宮徳に授与する。

三種神器皇大神位頼雅これを示す。


〈語注〉
＊印信《いんじん》　密教において秘法を授ける授与状。
＊虚心合掌　密教での合掌の仕方のひとつで、両

手十指の端を合わせ、掌《たなごころ》を着けない。
＊大指《だいし》、風指《ふうし》、空指《くうし》、無名指《むみょうし》
中世には現代と一部異なる日常的な指の呼称があった。また、密教では各指を、万物を創りだす「五大」（地、水、火、風、空という元素）に関係付け、手印を結ぶ指の呼称とした。文書21では、日常的な指の呼称と「五大」による呼称が混じっている。わかりやすくするため対応表（表2）を作成した。

文書21では、同じ親指を「大」と「空」両方で呼んでいる。これに対して、「神道三輪流廿四通」のうち十八番目の「神道灌頂印信」には、文書21と似た「虚心合掌開散二火二風」という記述がある。あるいは文書21でも「大」の箇所は「火」とすべきなのかもしれない。
＊明《みょう》真言のこと。ここでは「ア　ラ　ハ　シャ　ノウ」を指す。
＊ア　ラ　ハ　シャ　ノウ　「五字文殊真言」と言う。清浄、平等、無常、無我を説く。『真言・梵字の基礎知識』（大法輪閣、一九九三年）参照。

現代の呼称	中世の呼称	五大
親指	大指	空
人差し指	頭指	風
中指	中指	火
薬指	無名指	水
小指	小指	地

表2　手印を結ぶ指の呼称

文書22　尻出縄大事切紙

（端裏書）「尻出縄大事」
尻出縄大事
七五三は諸神精進の時に曳《ひ》く。五二三は養蚕に曳く。三三五七は病人が死亡した時に曳く。七二五三八は鬼神に曳く。二二は疫病人が死亡した時に曳く。三三三四は孝養所に曳く。一六二は隠形所に曳く。三三四は験の時に曳く。一六三五二は荒神祭に曳くという。

およそ急々如律令の急々という語義については口伝がある。明師にこれを尋ねるべきである。

如は接百二十人の大鬼、令は接一万二千人の大鬼である。内僧伽耶は真言の人であり、外僧都は陰陽師である。秘蔵し、秘密にすべきである。この九種類のうちにあらゆる縄がある。

ある書にいわく、急々は東、如は南、律は北を指す。またいわく、初めに急は飯、次に急は餅、次に如は酒、次に律は塩、次に令は菓を指す。また、急々は飽満の句、また急々は弘眼目、如は身、律は躰、令は足である、ゆえに五躰不具の神はこれを得ることによって、六根が完備すると言われている。最も秘すべきことである。

天文六年（一五三七）十二月十七日

正吉郷八幡宮司彦七に授与する。

三種神器皇太神位采意これを示す。

〈語注〉

＊孝養《きょうよう》　死者を供養すること。

＊隠形《おんぎょう》　鬼神から身を隠すこと。

＊験《げん》　加持祈禱のききめ。

＊明師　学識の豊かな師匠。

＊身《しん》　頭と躯幹《くかん》（からだの中央）のこと。

＊躰《たい》　四肢（手足）のこと。ただし、「律」の体と「令」の足で、足が重複することになる。

＊六根　眼、耳、鼻、舌、身、意という六つの認識器官。

＊彦七　第五章で説明したように、文禄二年（一五九三）に「有光彦七」という人名が見えることから（有光一〇〇）、この彦七も有光氏と考えられる。

文書23　神道灌頂印信

（端裏書）「神道灌頂御戸大事」

神道灌頂。天子紹運灌頂と号し、
　　また藤家灌頂とも言う。

手印は無所不至印。

真言はア　バン　ウン。

印面に三つの穴があり、日・月・星宿である。左の穴は月、右の穴は日、上の穴は星である。この印を天《あま》の岩戸《いわと》と言い習わしている。至極の大事である。

天文六年（一五三七）十二月十七日授与す。

三種神器皇太神位采意がこれを示す。

〈語注〉

＊無所不至印《むしょふしいん》　大日如来の最極秘印の一つで、大日如来の音声は法界に遍満して至らぬ所がないという教えを表す。佐和隆研編『密教辞典』（法蔵館、一九七五年）参照。

＊ア　バン　ウン　真言宗では「弘法大師拝見の大事」にこの真言が用いられる。弘法大師を礼拝する法には諸伝あり、その中で「大師即弥勒」という伝に、無所不至印及びこの真言が見える（『密教大辞典縮刷版、改訂増補』法蔵館、一九八三年参照）。この伝では大日如来と弥勒を同体とし、弥勒に無所不至印を用いている。以上のことは、乾龍仁氏（高野山大学）からご指摘を受けた。このほかにも文書21～23に見られる手印や真言について、乾氏から種々のご教示を得た。

　また、バンとウンの梵字は特に「神道」で用いられる字体であり、通常、真言宗で用いられる字体と異なっていると言う。このことについては、佐藤隆彦氏（高野山大学）のご教示を得た。

中世の神道

現代では「神道」と言えば日本固有の宗教のように思われている。しかし、古代・中世では「神道」という言葉はあったが、現代のような意味では使われていなかった。

古くは社殿に神を祀ることさえ当たり前ではなく、飛鳥時代に仏教寺院が建立されたことがきっかけで社殿が造られるようになった。中世になると、朝廷は中央の神社から国家鎮護の中心として二十二社を選び、諸国の国司は国の鎮守として一宮や二宮を定め、荘や郷では村人たちがそれぞれの鎮守社を共同体の核としてまとまるようになった。

やがて各神社は祀っている神を「本地垂迹説」によって仏教的に解釈したり、天皇家の神話と関係付けたりしてその尊さを説くようになる。中世の「神道」とはこのような神社の祭神を尊ぶため、各神社が国家や地域の中で自己の存在理由を主張する教えであった。仏教に対して独自の価値を訴えるようなものではなく、ましてや仏教に対立するものではなかったのである。

三輪流神道と神道灌頂

古代以来、神への信仰はいわゆる「神仏習合」のかたちをとり、さらに「日本書紀」が密教的に解釈されることにより、新たな神仏習合の教えである「中世神道」が唱えられた。特に伊勢神宮と天照大神を教義の中心とする教えは「両部神道」と呼ばれる。その中で鎌倉中期以降に慶円《きょうえん》上人を始祖と仰ぐ「三輪《みわ》流神道」が全国に広がり、一大流派となった。この「三輪流神道」は近世にも盛んであったが、最後は明治時代の神仏分離政策により衰退した。

文書21〜文書23は、いずれも室町末期に三輪流神道が長門国まで広がっていたことを物語る史料である。

文書21は「神道灌頂」の印信《いんじん》（秘法の授与状）である。元来「灌頂」とは、密教の師匠である阿闍《あじゃ》梨《り》から弟子に秘法を伝授するための頭頂に水をかける儀式のことであった。ところが、中世では宗教であれ芸能であれ、師匠から弟子へ秘伝を継承する手続きが広く「灌頂」と呼ばれた。文書21もまた灌頂のかたちをとって、師匠が神道の秘伝を正吉郷八幡宮大宮司に授与したものである。

尻出縄と急々如律令

文書22に見える「尻出縄」について、どのような縄なのか詳しいことはわからない。しかし、慶長一四年（一六〇九）に書写された「神道三輪流廿四通」の「尻出縄」に関する記述に「神道注連大事　諸事用所次第」という表題が付いていることから、「尻出縄」は注連縄《しめなわ》の一種であるようだ。「尻出縄」とは①諸神を祀る時、②養蚕の時、③病人が死亡した時、④鬼神を祀る時、⑤疫病人が死亡した時、⑥孝養《きょうよう》（亡き親のためにねんごろに弔うこと）の時、⑦隠形《おんぎょう》（悪鬼から身体を隠すまじない）の所、⑧験《げん》の時、⑨荒神を祀る時といった九つの場合に、周囲に曳き回す縄であると考えられる。この文書中に見える五体が完全でない神に目（眼目）、首とからだの中央（身）、手足（体・足）という身体のパーツを与えるというまじないは奇妙であり、興味深い。

また、文書22には「急々如律令」という呪文の由来も記されている。「急々如律令」とは陰陽道で用いられる代表的な呪文であり、三輪流神道の成り立ちの複雑さが窺える。後にこのような注連縄の秘伝は修験者（山伏）にも受容され、江戸末期の「彦山修験最秘印信口決集」に文書22とよく似た注連縄の秘伝が見える。

三種神器

中世でも『日本書紀』は聖典として重んじられる一方、「日本紀云……」という言い方によって、その周辺に神にまつわる様々な神話が創作されていった。国文学研究者に始まり、近年では広く中世に関わる研究者の間でこのような中世神話の全体が「中世日本紀」と呼ばれている。

中世の密教系の寺院では、「日本紀」（日本書紀のこと）に書かれていると称して神道の秘事が伝授された。「有光家文書」にも文書21〜文書23のほか、密教的な印信の形を借りて正吉郷八幡宮大宮司に神道の秘伝を授与する一連の文書が含まれている（有光六一・六二、六六〜七〇）。以下では、これら秘伝の文書の一覧表（表3）を用いて説明する。

表3の「授けた者」は共通して「三種神器皇太神位」を名乗っている。「三種神器《さんしゅのじんぎ》」は中世神道で特に重視され、密教僧がその秘説を広めた。「三種神器皇太神位」という名乗りはそのような密

年月日	文書名	授けた者 →受けた者	文書番号
大永7年 11月3日	神道灌頂御供大事印信	三種神器皇太神位頼雅 →宮徳	61／057
大永7年 11月3日	文書21 神道灌頂初重印信	三種神器皇太神位頼雅 →宮徳	62／058
天文6年 12月17日	文書22 尻出縄大事	三種神器皇太神位采意 →彦七	66／062
天文6年 12月17日	神道宮渡大事印信	三種神器皇太神位采意 →彦七	67／063
天文6年 12月17日	遷宮大事印信	三種神器皇太神位采意 →彦七	68／064
天文6年 12月17日	文書23 神道潅頂印信	三種神器皇太神位采意 →（不明）	69／065
天文6年 12月17日	神道御供大事印信	三種神器皇太神位采意 →（不明）	70／066

表3　大宮司に伝授された秘伝文書　一覧表

注：文書番号は、『県史』史料中世3／山口県文書館デジタルアーカイブ、それぞれの番号を表す。

教僧の活動を反映している。他の地域でも類似した名乗りがあり、名古屋市真福寺（大須観音）に伝来した天文一一年（一五四二）の「三種神器并神道秘密」を記した僧は「神道大阿闍梨良珪」と名乗っている。

表3の「神道宮渡大事印信」（有光六七）を見ると、「神道宮渡大事」という秘伝の中に護身法などと並んで「両部印明」という所作が記されている。これは伊勢神宮の内宮と外宮を密教の胎蔵界と金剛界にあてはめて解釈する両部神道系の教えに基づくものである。

また、表3に掲げた文書には秘

伝を授けられた場所が明記されているものがある。文書21には「長州二宮道場」とあり、同じ場所が「長州二宮灌頂道場」（有光七〇）とも呼ばれている。秘伝の伝授から見ても、正吉郷八幡宮は長門二宮との関係が強いことがわかる。ほかに「長州安養寺道場」（有光六七）も見られる。安養寺は下関市大字吉見上に現存する真言宗寺院であり（図3）、大宮司に秘伝を授ける道場は隣村（中畑）にもあった。

中世神道の広がり

文書21は戦国時代の文書であるが、それと同じ内容が真言宗系の神道の儀式書である「神道古印信」に載っている。その奥書には応永二四年（一四一七）に書写された旨が記されていることから、文書21の内容は室町中期まで溯ることがわかる。

文書22に記された注連縄と「急々如律令」の由来がセットになった教えは、ほとんど同じ内容が「三輪神道」の教えをまとめた天文一七年（一五四八）の「日本紀三輪流」にも見える。さらに、「急々如律令」の語義を説明する部分は近世初期の民間呪術の教本である「邪兇咒禁法則」（貞享元年刊行）にも載っている。

文書23は相模国の称名寺蔵の「灌頂印明」とほとんど同じ内容である。この「灌頂印明」の奥書には建武三年（一三三六）に称名寺長老坊において伝授された旨が記されている（『顕われた神々―中世の霊場と唱導―』神奈川県立金沢文庫、二〇一八年）。称名寺は北条一族の意向を承けて中央の密教流派の教えを記した書物を集めていることから、この「灌頂印明」は地方的なものや異端的なものではなく、正統的な流儀に属するものと言ってよいだろう。

文書21〜文書23はいずれも室町末期に記されたものであるが、教えができあがったのはもっと早い時期であり、文書23のように南北朝時代まで遡るものもある。鎌倉中期に成立した「三輪流神道」は室町末期までに全国に広がり、長門国まで伝わっていたのである。

まじないの意義

正吉郷八幡宮大宮司が行っていた祭祀には密教的なまじないが含まれていた。中世の農民が農具や品種の改良だけでなく、あわせて豊作を祈る田楽を行ったように（黒田日出男「戦国・織豊期の技術と経済発展」講座『日本歴史』四・中世二、東京大学出版会、一九八五年）、まじないは当時の人々の現実の生活に役立てられていた。

戦国時代、長門の隣国の周防国山代《やましろ》荘《のしょう》では村ごとにリーダーである地《じ》侍《ざむらい》がいた。地侍の一人である三分《さんぶ》一式部丞《いちしきぶのじょう》は、慶長三年（一五九八）、村中に疫病が流行した際、自ら黄幡神を鎮める祈禱を行っている（美和町宗正家文書三、『県史』史料中世3）。「黄幡《おうばん》」は陰陽道で代表的な疫病神である牛《ご》頭《ず》天王《てんのう》（祇園神）の八王子のひとりである。

三分一氏はまじないによって疫病の蔓延を防ぎ、地域の安寧をはかっている。このように、村のリーダーが村人を率いていくためには武力や経済力のみならず、まじないを施す能力もまた必要とされていたと言える。

表3に掲げた秘伝に関する一連の文書は大永七年（一五二七）から天文六年（一五三七）にかけてのものであり、大宮司職が秦氏から有光氏に移った後のものである。有光氏もまた三分一氏と同様、武力や経済力だけでなく、呪術面でも村落のリーダーであったと言えるだろう。

「中世神道」特有の呪術は近世では病気のほか、狐《きつね》憑《つ》き、呪詛《じゅそ》など様々な個人の悩み事に対応していった（稲谷祐宣編著『真言秘密加持集成』東方出版、一九九八年）。そうすると、中世末期の大宮司有光氏も共同体全体に関わる疫病のような災厄だけでなく、個人の悩み事も解決していたのかもしれない。


〈参考文献〉


伊藤　聡『神道とは何か―神と仏の日本史―』（中央公論社、二〇一二年）。

井上寛司『「神道」の虚像と実像』（講談社、二〇一一年）。

平瀬直樹「文書に見る中世末期のまじない―周防・長門両国―」（『山口県文書館研究紀要』二一、一九九四年）。


〈史料集〉


「神道三輪流廿四通」（『神道大系　論説編二　真言神道（下）』神道大系編纂会、一九九二年）。

「彦山修験最秘印信口決集」（『日本大蔵経』修験道章疏二）。

「三種神器并神道秘密」（『中世日本紀集』〈真福寺善本叢刊七〉臨川書店、一九九九年）。

「神道古印信」(前掲『神道大系　論説編二　真言神道(下)』)。
「日本紀三輪流」(前掲『中世日本紀集』)。
「邪兇咒禁法則」(羽田守快解説・解題『江戸呪術教本』柏書房、二〇〇六年)。

第七章　長門国の宗教世界

「有光家文書」は正吉郷と正吉郷八幡宮に関する豊かな情報を含んでいるが、残念ながら村の外部との関係はよくわからない。

　そこで、長門国内の他家の文書を補うことにより、正吉郷と近隣の村との関係、正吉郷八幡宮と他の神社との関係について考えてみたい。

第一章で述べたように、「入江塩浜絵図」はその制作の背景が「惣公文物部武久請文案」（文書1）に記されている。そして、文書1は「有光家文書」ではなく、正吉郷の近隣の村に伝わった「龍王神社文書」に含まれている。龍王神社は大正六年（一九一七）に乳母屋社から改称され、下関市大字吉見下に現存する。中世でも乳母屋社は吉見郷に所在し（図3）、村の鎮守社であった。

このことから、正吉郷の塩田に関する重要な文書がなぜ吉見郷という別の村に伝来しているのかという疑問が生じるだろう。しかし、吉見郷も正吉郷と同じく長門二宮の所有である富安名に含まれていたと考えれば、何ら不思議なことではないのである。

文書1に見える「富安名内正吉入江」という語句から正吉郷が富安名に属することがわかる。また、文書1を記した惣公文物部武久は富安名の荘官であり、正吉郷と吉見郷を含む富安名全体を統括したと考えられる。同じ惣公文の管轄下で正吉郷の鎮守社には「入江塩浜絵図」が、吉見郷の鎮守社には文書1が伝来したと考えればよいだろう。吉見郷の公文は物部氏であり（有光一二）、惣公文の物部武久と同族かもしれない。

次に、富安名の範囲については長門国内の別の村に伝わった「安養寺文書」からより詳しいことがわかる。正和元年（一三一二）の文書（安養寺一）に「長門国富安内中畑野田安養寺」という地名があり、「中畑」は富安名に含まれていたと考えられる。近世には正吉村と吉見村の間に中畑村

（現在の大字吉見上）があったことから（図3）、富安名は近世の正吉村・中畑村・吉見村の二か村にまたがっていたということになる。

さらに、弘安九年（一二八六）に「正吉弥二郎」という人物が「知彼野」（乳母屋社）の「神人《じ にん》」に任命されている（有光一二）。「正吉弥二郎」は文書11にも見え、秦氏の一員と思われる。中世で神人《にん》は下級の神職のことなので、秦氏は正吉郷八幡宮だけでなく、乳母屋社の神職を兼務し、吉見郷でも活動していたことになる。

乳母屋社

「龍王神社文書」によれば、吉見郷鎮守の乳母屋社《ちはや》は長門国内で重要な任務を果たしていた。蒙古襲来後、鎌倉幕府は諸国の神社に異国降伏祈禱を命じ、乳母屋社にも同様の命令を出している（龍王一・龍王二・龍王三）。また、延慶二年（一三〇九）、蒙古再来の情報がもたらされると、幕府は乳母屋社に対し祈禱とともに武器の点検や寺社の修理を命じている（龍王四）。このことから、鎌倉幕府の軍事政策のもとで乳母屋社のような郷の鎮守社も異国降伏の役割を担っていたことがわかる。

また、乳母屋社は、暦応三年（一三四〇）一二月朔日「乳母屋社神殿造営貢録」（龍王七）では、実際はそこまでの地位ではなかったようであるが、一宮・二宮に次ぐ「長門国第三鎮守」であると主張している。「乳母屋社神殿造営貢録」によれば、祭神である乳母屋明神は仲哀天皇の乳母という由緒を持っており、鎮護国家のため「大般若経」の転読を行っていたという。そうすると、祭神が新羅征討伝説の主人公である神功皇后に関連することから、乳母屋社での「大般若経」の転読は蒙古の再来に備える意味もあったということになる。

このように、乳母屋社は正吉郷八幡宮と同様の郷の鎮守社であったが、「鎮護国家」を理由に長門国の神社の中で高い地位を主張していたのである。

一宮・二宮

一宮・二宮両社は長門国歴代の国司や守護が最も崇敬した神社である。長門国府（現在の下関市長府）に二宮、少し離れた所に一宮があった（図2）。南北朝時代に作成された「忌宮神社境内絵図」（『県史』史料中世1付録）には国府の中心部に二宮（忌宮神社）が建ち、その周囲に守護所と守護代所が配置されている様子が描かれている。二宮は古代の国府跡に建っていたと言われており、一宮と比べると国司や守護との関係が強いようである。

また、かつて一宮に伝来した「多宝寺大般若経」の奥書（経典の末尾の書入れ）によれば、先に文書1で見た慶尊は文保二年（一三一八）に一宮・二宮両社の「御読経衆」を兼務していた。このことから、一宮・二宮両社は長門国のため組織上一体となって祈禱を行っていたと理解できる。

なお、現在「多宝寺大般若経」は北九州市立いのちのたび博物館（小林安司氏所蔵）と北九州大学図書館の二か所に分かれて保管されている。

さらに、一宮・二宮は乳母屋社と同様、神功皇后に関わる祭神も祀っている。中世の長門国衙《こくが》（国の役所）は古代以来の住吉神社と忌宮神社の祭神をそれぞれ仲哀天皇と神功皇后に転換させ、国の鎮守社としたと言われている。つまり、一宮・二宮は神功皇后伝説の主人公である夫妻を分担して祭神としていたのである。これらのことから、長門国にある神社は神功皇后伝説に沿って鎮護国家のために連携し、鎌倉幕府の軍事政策に応えていたと言えるだろう。

正吉郷八幡宮

応長二年（一三一二）、御使尚脩・給主幸政・惣公文武久（物部）という二宮に仕える三者が連名で秦弘信を大宮司に任命している（有光五）。また、時代は室町末期まで降るが、大宮司有光氏は二宮の道場で神道灌頂を受けていた（文書21）。これらのことから、二宮が大宮司の任命権を持っており、正吉郷八幡宮が二宮の末社のような地位にあったことは想像に難くない。南北朝時代になると、正吉郷は長門一宮領の安成名に属し（有光二一）、一宮の支配下にも入った。

さらに、史料はないが、長門国内での正吉郷八幡宮の役割について述べておきたい。正吉郷八幡宮の祭神である八幡神（応神天皇）は中世では仲哀天皇と神功皇后の子とされていた。そうすると、正吉郷八幡宮は一宮と二宮の「子」にあたる位置付けであったということになる。おそらく正吉郷八幡宮もまた、先に見た乳母屋社や一宮・二宮と同様、神功皇后伝説に彩られた長門国の宗教世界の一員として鎮護国家の役割を与えられていたのであろう。

〈参考文献〉

井上寛司「中世長門国一宮制の構造と特質」（一宮研究会編『中世一宮制の歴史的展開』上、岩田書院、二〇〇四年）。

榎原雅治『日本中世地域社会の構造』（校倉書房、二〇〇〇年）第三部第一章「中世後期の地域社会と村落祭祀」。

田村哲夫「長門守護代の研究」（『山口県文書館研究紀要』一、一九七二年）。

山村亜希『中世都市の空間構造』（吉川弘文館、二〇〇九年）第一部第一章「描かれた中世都市――『忌宮神社境内絵図』と長門国府――」。

おわりに

「有光家文書」の魅力

「はじめに」で掲げた「有光家文書」の魅力について、章ごとに要旨をまとめておく。

第一章　塩田

正吉郷の塩田は鎌倉末期の気候変動により海岸線が後退したことで、取水口に海水を取り入れることが困難となった。河口から取水する経路もあったが、鹹水の塩分濃度を上げる作業効率は良くなかった。そのため、村人は製塩から撤退し始め、それと同時に組織的に土地の改良に取り組むようになった。この時、塩田を囲む堤（土手）の性格も変化し、水稲を塩害から守る機能を果たすようになった。やがて村人の努力の結果、南北朝時代までには塩田は水田に変わっていたのである。

第二章　秦氏

秦氏は村の所属階層としては名主であり、「村落内身分」としては大夫であった。そして、山野に何らかの権限を持っていたので、他の名主層よりも有力であった。しかし、名主や大夫の身分にもまして大きな意義があったのが、鎮守社の大宮司という身分であった。秦氏は宮座が行われる場を管理するとともに祈禱によって村の平和を維持する任務を果たし、地頭の村落支配を支えていた。秦氏は村落共同体の一員でありながら、地頭と現地を結ぶキーパーソンの役割を果たしていたのである。

第三章　人身売買

下人の売買は農民が元から抱えている下人を売る場合と、農民自身の子どもを売る場合とがある。下人はヒトではなくモノ扱いされていたので、下人の売券の書式は田地の売券と似ている。下人が逃げ込めば解放される場所（アジール）が存在したので、売券にはアジールに逃げ込んでもその身柄を取り戻すことができる担保文言が付いていた。しかし、公権力がこの担保文言の効力を保証していたわけではなく、逃げた下人を自力で取り戻すのは困難であっただろう。

第四章　徳政

大内氏は領国内で起きる民衆の「徳政」を禁止していたが、一方で周防・長門両国にある寺社の行事で大役を務める家臣には「徳政」を適用していた。これらの行事では農民たちも費用を負担していたにもかかわらず、大内氏が特定の者にだけ「徳政」を許したことは却って農民に「徳政」を求める口実を与えてしまった。領国内に飛び火していく「徳政」の混乱に備えて、長門国の農民も証文に徳政文言を付していたのであろう。

第五章　有光氏

文明八年（一四七六）、正吉郷八幡宮の祭礼でもめごとがあり、大宮司たちは今後紛争を再発しない旨を「有光殿」に誓約した。この時、有光氏は守護大内氏配下の人間として登場している。それから六〇年ほどの間に大宮司職は秦氏から有光氏に交代した。有光氏が現れた時期は大内氏が領国内の寺社を統制し始める時期と符合する。有光氏は地域の鎮守社の祭礼に介入する守護大内氏の領国支配政策にかなう大宮司として認められたのではないだろうか。

第六章　まじない

室町後期に真言密教の一大流派である三輪流神道が長門国まで広がっていた。その教えは注連縄の意義と「急々如律令」の由来がセットになったものである。また、大宮司有光氏は密教的なかたちを借りて神道の秘伝を授与する「神道灌頂」を受け、正吉郷の安寧のための呪術を行っていた。有光氏は有力農民であっただけでなく、呪術面でも村人に頼られる存在であったと言えよう。

第七章　長門国の宗教世界

他家の文書を取り入れることにより、正吉郷と近隣の村落との関係、正吉郷八幡宮と他の神社との関係が窺える。秦氏は乳母屋社の神職を兼務しており、近隣の吉見郷でも活動していた。また、神功皇后伝説に彩られた長門国では、一宮・二宮をはじめ乳母屋社のような郷の鎮守社でも鎮護国家の役割を担っており、正吉郷八幡宮もまた同様の役割を与えられていたと推察される。

大宮司職と文書の伝来

「有光家文書」から見えてくる秦氏及び有光氏の活動は、正吉郷八幡宮の大宮司職が中心であったと思われる。

秦氏は宮座が行われる場を管理し、村の平和のため祈禱を行った。有光氏は長門二宮で「神道灌頂」を受け、村の安寧を祈るまじないを修得した。村人にとって正吉郷八幡宮の大宮司が果たす役割は大きい。また、秦氏から有光氏へ大宮司職が交代した背景には、守護大内氏が鎮守社の祭礼に介入しようとする動きが窺える。これは村落の支配を深化させようとする大内氏が大宮司の役割を重視していたからであろう。

村人と大内氏のいずれにとっても大宮司という存在は重要であり、それゆえ大宮司の活動に関わる文書も大切にされ、大宮司というポストにある家で保管されてきたのであろう。現在「有光家文書」と呼ばれている文書群は大宮司家に伝来したのであり、「正吉郷八幡宮大宮司家文書」と呼ぶべき性格のものだろう。

秦氏及び有光氏の活動を記した「有光家文書」は大宮司としての活動に関わるものを根幹とし、それに人身売買や徳政など、名主の農業経営に関わる文書、さらに村の生業である製塩に関わる文書が加わることによって多彩な内容になったと考えられる。

〈追記〉「有光家文書」の魅力は尽きず、本書で取り上げなかった文書にも重要な研究テーマとなるものがある。その一例は、中近世移行期の文書の中に含まれる「坪付指出《つぼつけさしだし》」である。一連の「坪付指出」を用いた研究成果としては秋山伸隆『戦国大名毛利氏の研究』（吉川弘文館、一九九八年）第三編第五章「惣国検地の実施過程」がある。秋山氏は、毛利氏が中国地方で実施した惣国検地で、検地帳が作成されたあと散逸したであろう田畠一筆毎の坪付指出の存在を明らかにした。

このような研究が可能なのも在地文書ならではと言えよう。

あとがき

私と「有光家文書」との出会いは私が山口県文書館に勤務していた頃、平成元年（一九八九）、古文書の修復業者から補修済みの文書が引き渡された時に始まる。一〇〇点以上の「初《うぶ》な」かたちの中世文書が桐の箱に納められてお披露目された時の光景は今も忘れられない。

修復業者の方と文書館の職員が見守る中、箱の中から黄色の麻布に包まれた文書が取り出されていった。一点ずつ内容を確かめ麻布を開くと、中からX形に紐がかけられた巻物が現れ、防虫香の甘い香りが辺りに広がる。巻物の紐を解き、肩幅程度に文書を開いて中身を点検していった。破れのひどい文書には薄い裏打ちが施され、虫食いがある文書には洋服のかけはぎのように穴の開いた部分に和紙が埋め込まれている。必要最小限の補修のおかげでどの文書にも本来の質感が残っていた。

後日、文書館はこの貴重な文書の写真複製をプロカメラマンに依頼し、私は写真撮影の介助役として、この文書を直に触れる機会を得た。慎重に文書を一通取り出しては撮影、終わると下げて次の一通を取り出す。その時手にした原文書の「物体」としての迫力は写真とは比べものにならない。

この作業を繰り返すかたわら文書の文面を見ると、村人が慣れない筆で書いたようなものばかりであり、在地文書特有の強いくせが感じられた。これらの文書を翻刻することは至難の技に思われたが、次第

写真Ｅ　修復直後の「有光家文書」

に「貴重な文書を埋もれたままにしたくない」という思いは募っていった。

実は、すでに『よしみ史誌』（下関市立吉見公民館、一九八五年）が編纂され、編纂委員代表である福本上氏によって、「有光家文書」のうち製塩や人身売買に関係するいくつかの文書は紹介されていた。しかし、「有光家文書」の世界を理解するためには全ての文書を翻刻することが必要であった。

「有光家文書」との出会いからこつこつと翻刻を進め、『下関市史』資料編Ⅲ（一九九四年）に全文書の翻刻を掲載した。その後、平瀬直樹「長門国正吉郷の中世―「有光家文書」の世界―」（大山喬平教授退官記念会編『日本社会の史的構造　古代・中世』思文閣出版発行、一九九七年）で正吉郷に関する基本的な事実を発表する機会に恵まれた。

さらに、「有光家文書」は『山口県史』史料編中世3で再度翻刻され、難解な文字の読みがほぼ確定した。

一九九六年に金沢大学文学部に職場を移した後、二〇〇二年度の「日本史学演習」の授業で初めて「有光家文書」を教材として取り上げ、改めて文書の分析に取り組んだ。史料的価値の高い文書を抜粋した上、本書の冒頭に掲げた六つの研究テーマを学生たちに割り振って研究発表をしてもらった。

中世の在地文書は甚だ難解ではあったが、学生たちはその当時の日本中世史研究の水準を反映した論文を参照し、正吉郷で起きた現象が日本中世史ではどのように扱われているかということを発表してくれた。この授業で学生たちが指摘したことは多岐にわたっており、これを機にこの成果を取り入れながら、「有光家文書」のおもしろさを多くの人に伝える入門的な研究書を出版できないものかと考えるようになった。

その間、『下関市史　原始―中世』（山口県下関市発行、下関市市史編修委員会編修、二〇〇八年）の編纂に加わったが、『下関市史』の中世史に関する叙述は必ずしもわかりやすいものではなく、その点からも本書の出版をあきらめるわけにはいかなかった。

結局「有光家文書」に出会って三十年、出版を思い立ってから十七年が経ってしまった。こんなにも月日を要してしまったことが悔やまれてならないが、この間、清文堂出版株式会社の前田正道氏のご助言を受けながらようやく本書の出版に至った。きっかけを与えてくれたかつての学生たちには感謝するとともに申し訳ない気持ちでいっぱいである。

「有光家文書」原蔵者の有光家、「龍王神社文書」所蔵者の龍王神社、「徳蓮寺文書」原蔵者の徳蓮寺及び下関市立豊北歴史民俗資料館、そして、吉見公民館をはじめ地元の歴史研究に携わって来られた方々に感謝の意を表したい。また、下関市市史編修委員の方々、及び同市市史編修事務局員の方々には下関市内の中世史料についてご教示をいただきながら、多大なご迷惑をおかけしてしまった。感謝とともに深くお詫び申し上げたい。

最後に、「有光家文書」を所蔵している山口県文書館は「有光家文書」一通ごとの精細なカラー写真を公式ホームページで公開しており、そのお蔭で本書は読みやすい図版を掲載できた。このような積極的な史料公開はすばらしいことだと思う。すべての都道府県に優れた（公）文書館が設置されることを願いつつ、筆をおきたい。

二〇一九年一〇月実りの季節に

平瀬　直樹

平瀬 直樹（ひらせ　なおき）

〔略　　歴〕
1957年　大阪市生まれ
1981年　京都大学文学部卒業
1986年　京都大学大学院文学研究科博士後期課程国史学専攻研究指導退学
　　　　山口県文書館勤務を経て
現　在　金沢大学人間社会研究域歴史言語文化学系教授
　　　　京都大学博士（文学）

〔主要著作〕
『大内氏の領国支配と宗教』（塙書房、2017年）
『大内義弘―天命を奉り暴乱を討つ―』（ミネルヴァ書房、2017年）
など

塩田の村　「有光家文書」の中世的世界

2019年10月31日　初版発行

著　者　平 瀬 直 樹
発行者　前 田 博 雄
発行所　清文堂出版株式会社
〒542-0082 大阪市中央区島之内２－８－５
電話06-6211-6265　FAX06-6211-6492
http://www.seibundo-pb.co.jp
印刷：亜細亜印刷株式会社　製本：株式会社渋谷文泉閣
ISBN978-4-7924-1445-0　C0021